中学3年分の英単語が10日間で身につく〈コツと法則〉

長沢寿夫
NAGASAWA TOSHIO

中学で習う重要な英単語を
「100の項目」にまとめました。
「発音、意味、使い方」をグループ別に
効率よく覚えることができます。CD付。

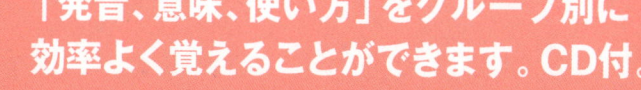

はじめに

　みなさん、こんにちは、長沢寿夫です。
　このたび好評既刊の『中学3年分の英文法が10日間で身につく〈コツと法則〉』の姉妹本にあたる『英単語』の本を書くことができました。
　世の中に英単語の本がたくさん出ていますので、よほど他の本と違った単語の本でないと、出版する価値がないと思っていましたので、この本を無事に出版させていただくことができたことを大変うれしく思います。

　この本には、次のような特色があります。

単語をジャンル別に分けています。
　ただし、その分け方に英単語を覚えるためのコツがかくされているのです。どのような順番で並べるか、そしてどのように分けると読者の方が覚えやすいか、ここが著者の力の見せどころなんです。
　ぜひ読んでみてください。そうすれば、いかに勉強しやすいかがすぐにわかり、あなたの知識欲を立派にみたすことができる英単語の本であるかがわかります。

特に英単語の解説のところをよく読んでください。

　他の本とどれぐらい違うかがわかると思います。きっとあなたが思っている以上に、英語に興味がわくと思います。「へぇ、そうなんだ。」と思わずひとりごとを言ってしまうでしょう。

英語の例文も、考えつくした例文にしてあります。

　役に立つだけでなく、覚えやすくて総合的な英語の力がつくように工夫しています。

　それからPart 10では、英単語の「スペル（つづり）と発音」の法則を披露してあります。これで、スペル（つづり）を正確に覚えるためのコツを身につけることができると思います。

　とにかく、本書を何回も読んで、口ずさんでみてください。そうすることで、あなたの英語力が一気に上がるでしょう。

　最後に、私の好きなことばを贈ります。
「よろこびをもって勉強すれば、よろこびもまたきたる」

長沢寿夫

目　次

はじめに

Part 1　人称代名詞、代名詞、疑問詞

1	人称代名詞（1）	14
2	人称代名詞（2）	16
3	人称代名詞（3）	18
4	代名詞	20
5	「人」を表すことば	22
6	「家族、親戚（しんせき）」を表すことば	24
7	疑問詞	26

Part 2　基本動詞

8	ペアで覚えたい動詞（1）	30
9	ペアで覚えたい動詞（2）	32
10	ペアで覚えたい動詞（3）	34
11	ペアで覚えたい動詞（4）	36
12	使い分けが大切な動詞（1）	38
13	使い分けが大切な動詞（2）	40
14	使い分けが大切な動詞（3）	42
15	使い分けを間違えやすい動詞	44
16	動作や状態を表す動詞（1）	46
17	動作や状態を表す動詞（2）	48
18	助動詞（1）肯定文の場合	50
19	助動詞（2）疑問文の場合	52

Part 3	日常生活でよく使われる基本単語

20	月	56
21	曜日、季節	58
22	「時」を表すことば（1）	60
23	「時」を表すことば（2）	62
24	家	64
25	食べ物	66
26	体	68
27	コミュニケーションに関することば	70

Part 4	学校、仕事、趣味、スポーツなどの単語

28	学校	74
29	学用品	76
30	学校生活	78
31	教科	80
32	音楽、楽器	82
33	スポーツ（1）	84
34	スポーツ（2）	86
35	仕事、職業	88

Part 5　街、国、自然、動植物に関する単語

36	街の建物	92
37	交通機関（1）	94
38	交通機関（2）	96
39	「国」に関することば	98
40	「地域」に関することば	100
41	「自然」に関することば（1）	102
42	「自然」に関することば（2）	104
43	「自然」に関することば（3）	106
44	動物	108
45	生き物	110

Part 6　形容詞

46	「感情」を表す形容詞	114
47	「体調」を表す形容詞	116
48	「天候」を表す形容詞	118
49	ペアで覚えたい形容詞（1）	120
50	ペアで覚えたい形容詞（2）	122
51	ペアで覚えたい形容詞（3）	124
52	使い方を間違えやすい形容詞（1）	126
53	使い方を間違えやすい形容詞（2）	128
54	使い方を間違えやすい形容詞（3）	130
55	使い方を間違えやすい形容詞（4）	132
56	単語の一部分が同じ発音の形容詞	134

Part 7　副詞、前置詞、接続詞、不定代名詞

- 57　「場所、方向」を表す副詞　138
- 58　「場所、時」を表す副詞　140
- 59　「方向」を表す副詞　142
- 60　「頻度(ひんど)、回数」を表す副詞　144
- 61　使い方を間違えやすい前置詞（1）　146
- 62　使い方を間違えやすい前置詞（2）　148
- 63　比較しながら覚える前置詞　150
- 64　比較しながら覚える接続詞　152
- 65　some と any から始まる不定代名詞　154

Part 8　一緒(いっしょ)に覚えると便利な単語（1）

- 66　数えられない名詞　158
- 67　短縮形のある名詞　160
- 68　「色」を表す名詞と形容詞　162
- 69　「国籍、言語」を表す名詞と形容詞　164
- 70　「動作」を表す動詞と「人」を表す名詞（1）　166
- 71　「動作」を表す動詞と「人」を表す名詞（2）　168
- 72　動詞と -ing で終わる名詞（1）　170
- 73　動詞と -ing で終わる名詞（2）　172
- 74　動詞と -tion、-sion で終わる名詞　174
- 75　ほとんど同じ意味を表す動詞と名詞　176
- 76　動詞と名詞の一部分が異なる単語　178

Part 9 　一緒に覚えると便利な単語（2）

77	もとの意味が共通している形容詞と名詞（1）	182
78	もとの意味が共通している形容詞と名詞（2）	184
79	もとの意味が共通している形容詞と名詞（3）	186
80	もとの意味が共通している形容詞と名詞（4）	188
81	もとの意味が共通している形容詞と名詞（5）	190
82	もとの意味が共通している形容詞と副詞（1）	192
83	もとの意味が共通している形容詞と副詞（2）	194
84	数えられる名詞と一緒に使われる形容詞	196
85	数えられない名詞と一緒に使われる形容詞	198
86	数字、序数	200

Part 10 　英単語のスペル（つづり）と発音の法則

87	「e」「o」「al」のスペルがある単語の読み方	204
88	「u」「un」のスペルがある単語の読み方	206
89	「ee」「e△e」のスペルがある単語の読み方	208
90	「oo」「re」のスペルがある単語の読み方	210
91	「ou」「on」「ow」のスペルがある単語の読み方	212
92	「ar」「ir」「ur」「air」のスペルがある単語の読み方	214
93	「er」「or」のスペルがある単語の読み方	216
94	「ea」「are」「th」のスペルがある単語の読み方	218
95	「a△e」のスペルがある単語の読み方	220
96	「i△e」「ie」のスペルがある単語の読み方	222
97	「o△e」「u△e」「ue」のスペルがある単語の読み方	224

98	「m+p」「m+b」のスペルがある単語の読み方	226
99	「-ll」「-ss」など子音文字が連続する単語の読み方	228
100	「-pp」「-tt」など子音文字が連続する単語の読み方	230

- 基本動詞の変化表　　232
- 索引　　238

カバーデザイン　　株式会社ヴァイス　目黒眞

○ 本書の構成

　中学3年間で学ぶ英単語の中で、必ず覚えておきたい重要な単語（約1000語）を「100の項目」にまとめました。
　Part 1～9は見開き2ページずつの構成です。左ページに「英単語の読み方、意味、解説、（ドリルを解く）ヒントなど」、そして右ページの「確認ドリル」では各単語を使った例文（約850）を掲載しています。
　左ページで学んだ英単語をきちんと覚えているかどうか、右ページの英文の日本語訳の＿＿＿＿欄に自分で書いてみることにより、理解度を確認することができます。
　Part 10では、英単語の「スペル（つづり）と読み方の法則」をまとめています。この法則を覚えれば、同じグループの英単語の「発音のしかた」が次第にわかるようになります。

○ CDについて

　Part 1～9の左ページの各単語の「意味（日本語）」→「英単語」、そして右ページの「確認ドリル」の各英文（約850）を、アメリカ人の男女が交互に読んでいます。
　各英単語に読み方（ルビ）と発音記号をつけています。アメリカ人の英語の発音は、その人の出身地域などによって多少異なる場合がありますので、カタカナ表記は参考にしてください。

英語を聞く力をアップさせたい人は、CD に録音している「確認ドリル」の英文を何回も聞いて、書き取ってみてください。

　英単語の確認をしたい人は、CD でまず日本語が聞こえてきたら、すぐに英語で言ってみてください。

　この2つを続けてやれば、おどろくほどの力がつきます。

○　**発音の読みかた**

〔æ〕〔エァ〕エの口の形でアと言えば、この音を出せます。

〔v〕〔ヴ〕下くちびるをかむようにしてブと言えば〔ヴ〕の音を出せます。

〔f〕〔フ〕下くちびるをかむようにしてフと言えば、〔フ〕の音を出せます。

〔əːr〕〔アー〕口を小さく開けて〔アー〕と言います。

〔ɑːr〕〔アー〕口を大きく開けて〔アー〕と言います。

〔l〕はこの本では〔オ〕と表記しています。舌を上の歯ぐきのうらにつけて発音します。

〔r〕〔ゥル〕ウと軽く言いながらルと言えば〔ゥル〕の音を出せます。

〔dz〕〔ts〕ツの音をにごらせた〔ヅ〕の音で発音してください。

〔z〕スの音をにごらせた〔ズ〕の音で発音してください。th の音を表す〔θ〕〔す〕と〔ð〕〔ず〕はひらがなで表しています。

〔θ〕舌先を上の歯の裏側に軽くあてて〔す〕と言うつもりで息を出すと〔θ〕の音が出ます。声を出すと〔ð〕の音が出ます。

〔j〕〔い〕日本語でイーと言いながら、舌の先をあごの天井すれすれまで近づけて口の両端を左右に引くとこの音を出せます。

〔・〕の記号は音の省略の記号として使っています。

　　〜 ing〔iŋ〕〔イン・〕グの音は言わない方が英語らしく発音できます。
〔i〕イとエの間の音です。
〔u〕ウとオの間の音です。

　本書では、la を「ラ」、ra を「ゥラ」、タがラに聞こえるときは「ら」と表記しています。

big book →〔big buk〕〔ビッ・ブック〕**g** と **b** がローマ字読みできないときは、**g** を発音しない方が英語らしく聞こえるので、〔・〕をつけてあります。

That is〔ゼァッティズ〕は人によっては〔ゼァッリィズ〕と発音されることがあります。同じように〔タ、ティ、トゥ、テ、ト〕が〔ら、り、る、れ、ろ〕のように発音されることがあります。

母音（ア、イ、ウ、エ、オ）が2つ続いているときは、前の母音を強く言ってから2つめの母音を軽くつけくわえるように発音します。

　〔ei〕〔エーィ〕　〔ou〕〔オーゥ〕
　〔ai〕〔アーィ〕　〔au〕〔アーゥ〕

Part 1

人称代名詞、代名詞、疑問詞

1 人称代名詞（1）

CD-1

		意味	覚え方のコツ、使い方、発音
I	アーィ [ai]	私は	「私が」という意味でも使えます。
my	マーィ [mai]	私の	my name＝私の名前
me	ミー [mi:]	私を 私に	「私」という意味でも使えます。 with me＝私と一緒に
mine	マーィンヌ [main]	私のもの	my bag＝mine
myself	マーィセオフ [maisélf]	私自身	say to myself＝ひとりごとを言う
you	ユー [ju:]	あなたは	「あなたが」という意味でも使えます。
your	ヨァァ [juər]	あなたの	your family name＝あなたの名字
you	ユー [ju:]	あなたを あなたに	「あなた」という意味でも使えます。love youの場合は、「あなたが」という意味になります。
yours	ヨァァズ [juərz]	あなたのもの	your watch＝yours
yourself	ヨァァセオフ [juərsélf]	あなた自身	introduce［インチュロデュース］yourself＝自己紹介をする

☆きちんと単語を覚えているか、次のドリルをやって確認しましょう。

確認ドリル

　　　　　のところの英単語の意味を＿＿＿＿に書いてみましょう。

1 **I am busy.**

＿＿＿＿＿いそがしい。

2 **My name is Ken Kikuchi.**

＿＿＿＿＿名前は菊池ケンです。

3 **Come with me.**

＿＿＿＿＿＿来てよ。

4 **This bag is mine.**

このかばんは＿＿＿＿＿です。

5 **I often say to myself.**

私はよく＿＿＿＿＿＿＿。

6 **You are busy, aren't you?**

＿＿＿＿＿いそがしいですね。

7 **Your family name is Yamaguchi, isn't it?**

＿＿＿＿＿名字は山口さんですね。

8 **I love you.**

私は＿＿＿＿＿大好きです。

9 **Is this watch yours?**

この時計は＿＿＿＿＿ですか。

10 **Please introduce yourself.**

＿＿＿＿＿＿＿＿ください。

解答
1 私は　　**2** 私の　　**3** 私と一緒に　　**4** 私のもの
5 ひとりごとを言います　　**6** あなたは　　**7** あなたの　　**8** あなたが
9 あなたのもの　　**10** 自己紹介をして

Part1 人称代名詞、代名詞、疑問詞

2 人称代名詞（2）

		意味	覚え方のコツ、使い方、発音
he	ヒー [hiː]	彼は	「彼が」という意味でも使えます。
his	ヒズ [hiz]	彼の	his name＝彼の名前
him	ヒム [him]	彼を 彼に	「彼」という意味でも使えます。 with him＝彼と一緒に
his	ヒズ [hiz]	彼のもの	his bag＝his
himself	ヒムセオフ [himsélf]	彼自身	say to himself＝ひとりごとを言う said[セッドゥ] to himself＝ひとりごとを言った
she	シー [ʃiː]	彼女は	「彼女が」という意味でも使えます。
her	ハァ [hər]	彼女の	her name＝彼女の名前
her	ハァ [hər]	彼女を 彼女に	「彼女」という意味でも使えます。 with her＝彼女と一緒に
hers	ハ〜ズ [həːrz]	彼女のもの	her bike＝hers
herself	ハ〜セオフ [həːrsélf]	彼女自身	by herself＝ひとりで

確認ドリル

　　　　のところの英単語の意味を_____に書いてみましょう。

1 **Look at that boy. He is very tall.**

あの少年を見ろよ。_____とても背が高いよ。

2 **Do you know his name?**

あなたは_____名前を知っていますか。

3 **I know him.**

私は_____知っていますよ。

4 **This bag must be his.**

このかばんは_____に違いないよ。

5 **Tony said to himself, "I made it !"**

トニー君は「やったあ！」と_____。

6 **There is a girl at the door. She is pretty.**

玄関に女の子が来ているよ。_____かわいいよ。

7 **I don't know her name.**

私は_____名前を知りません。

8 **Do you like her?**

あなたは_____好きですか。

9 **This bike is hers.**

この自転車は_____です。

10 **Mayumi lives by herself.**

真弓さんは_____住んでいます。

解答
1 彼は　　**2** 彼の　　**3** 彼を　　**4** 彼のもの　　**5** ひとりごとを言った
6 彼女は　　**7** 彼女の　　**8** 彼女を　　**9** 彼女のもの　　**10** ひとりで

Part 1　人称代名詞、代名詞、疑問詞

3 人称代名詞（3）

CD-3

		意味	覚え方のコツ、使い方、発音
we	ウィー [wi:]	私たちは	「私たちが」という意味でも使えます。
our	アーゥァ [auər]	私たちの	our school = 私たちの学校
us	アス [əs]	私たちを 私たちに	前置詞の次にくるときは、「私たち」という意味でも使えます。 with us = 私たちと一緒に
ours	アーゥァズ [auərz]	私たちのもの	ours の s が、名詞のかわりをしています。 ours = our balls
ourselves	アーゥァセオヴズ [auərsélvz]	私たち自身	enjoy ourselves = 楽しむ
they	ゼーィ [ðei]	彼らは 彼女たちは	「彼らが」「彼女たちが」という意味もあります。
their	ゼァァ [ðeər]	彼らの 彼女たちの	their names = 彼らの［彼女たちの］名前
them	ゼム [ðem]	彼らを［に］ 彼女たちを［に］	「彼ら」「彼女たち」「それら」という意味もあります。
theirs	ゼァァズ [ðeərz]	彼らのもの 彼女たちのもの	theirs = their bags
themselves	ゼムセオヴズ [ðemsélvz]	彼ら自身 彼女たち自身	introduce themselves = 自己紹介する

確認ドリル

のところの英単語の意味を_____に書いてみましょう。

1 **We are students.**

_____学生です。

2 **Our school is 10 years old.**

_____学校は創立10周年です。

3 **Won't you play with us?**

あなたは_____遊びませんか。

4 **These balls are ours.**

これらのボールは_____です。

5 **We enjoyed ourselves today.**

私たちは今日は_____。

6 **Those boys are Americans. They are very tall.**

あれらの少年たちはアメリカ人です。_____たいへん背が高い。

7 **Their names are hard to remember.**

_____名前は覚えにくい。

8 **We are interested in them.**

私たちは_____に興味があります。

9 **Are these bags theirs?**

これらのかばんは_____ですか。

10 **They introduced themselves.**

彼らは〔彼女たちは〕_____。

解答
1 私たちは **2** 私たちの **3** 私たちと一緒に **4** 私たちのもの
5 楽しみました **6** 彼らは **7** 彼らの〔彼女たちの〕
8 彼ら〔彼女たち〕 **9** 彼らのもの〔彼女たちのもの〕
10 自己紹介をしました

Part1 人称代名詞、代名詞、疑問詞

4 代名詞

		意味	覚え方のコツ、使い方、発音
it	イッ・ [it]	それは	先にきた名詞が物の場合は、代名詞の it を使います。 It is = It's
its	イッツ [its]	それの	The cat's name is Kuro. = Its name is Kuro.
it	イッ・ [it]	それを それに	it は、日本語の「それを」「それに」にあたります。
itself	イッ・セオフ [itsélf]	それ自身	英文の主語が物の場合は、by itself（自然に）のように使います。
they	ゼーィ [ðei]	それらは	they は、「彼らは」「彼女たちは」「それらは」の3つの意味があります。
their	ゼァァ [ðeər]	それらの	their は、「彼らの」「彼女たちの」「それらの」の3つの意味があります。
them	ゼム [ðem]	それらを それらに	them は、「彼らを [に]」「彼女たちを [に]」「それらを [に]」の3つの意味があります。
themselves	ゼムセオヴズ [ðemsélvz]	それら自身	by themselves は、「彼らだけで」「彼女たちだけで」「それらだけで」の3つの意味があります。

確認ドリル

　　　　のところの英単語の意味を＿＿＿＿に書いてみましょう。

1 "What's this?" "**It's** tofu."

「これは何ですか。」「＿＿＿＿とうふです。」

2 I have a cat. **Its** name is Kuro.

私はネコをかっています。＿＿＿＿名前はクロです。

3 May I open **it**? 〔プレゼントをもらったとき〕

＿＿＿＿開けてもよろしいですか。

4 This door opens **by itself**.

この戸は＿＿＿＿開きます。

5 These are my books. **They** are old.

これらは私の本です。＿＿＿＿古い。

6 I have two cats. **Their** names are Kuro and Aka.

私は2ひきのネコをかっています。＿＿＿＿名前はクロとアカです。

7 I have two cats. I love **them**.

私は2ひきのネコをかっています。　私は＿＿＿＿大好きです。

8 I saw two wild dogs. They live **by themselves**.

私は2ひきの野犬を見ました。　それらは＿＿＿＿住んでいます。

解答
1 それは　**2** それの　**3** それを　**4** 自然に　**5** それらは
6 それらの　**7** それら〔が、を〕　**8** それらだけで

5 「人」を表すことば　CD-5

		意味	覚え方のコツ、使い方、発音
child	チァーィオドゥ [tʃáild]	子供	a child＝ある1人の子供 two children［チオジュレンヌ］＝2人の子供たち
adult	アダオトゥ [ədʌ́lt]	おとなの人	an adult＝ある1人のおとなの人
woman	ウォマンヌ [wúmən]	女の人	a woman＝ある1人の女の人 two women［ウィミンヌ］＝2人の女の人
lady	レーィディ [léidi]	女の人	this lady（こちらの女の人）という言い方はできますが、this woman という言い方は普通しません。
girl	ガ〜オ [gə́ːrl]	女の子 むすめ	お母さんが this girl と言っているときは「このむすめ」という意味で、「私は girls とテニスをします。」と言うと「友だち」を意味します。
man	メァンヌ [mǽn]	男の人	a man＝ある1人の男の人 two men［メンヌ］＝2人の男の人
boy	ボーィ [bɔ́i]	男の子 むすこ	girl と同じ考え方をしてください。「ぼくは boys とテニスをします。」と言うと「友だち」を意味します。
person	パ〜スンヌ [pə́ːrsn]	人	a person＝ある1人の人 two people＝2人の人
people	ピーポー [píːpl]	人々	a person の複数形が people と考えるとわかりやすい。
friend	フゥレンドゥ [frénd]	友だち	a boyfriend＝彼氏 a girlfriend＝彼女

確認ドリル

　　　のところの英単語の意味を_____に書いてみましょう。

1 I am an only child.

わたしはひとりっ_____です。

2 Is this magazine for adults only?

これは_____向けの雑誌ですか。

3 A beautiful woman came to see me yesterday.

ある美しい_____が昨日、私に会いに来ました。

4 This lady wants to see you.

こちらの_____があなたにお会いになりたいそうです。

5 Sawako is a nice girl.

紗和子さんは親切な_____です。

6 A strange man is looking at you.

あやしい_____があなたを見ていますよ。

7 I have two boys.

私には２人の_____がいます。

8 Kaoru is a beautiful person.

かおるさんは心の美しい_____です。

9 Who are those people over there?

あそこにいるあの_____はだれですか。

10 May I bring a friend?

_____をつれて来てもよろしいですか。

解答
1 子　**2** おとな　**3** 女の人　**4** 女の人　**5** 女の子　**6** 男の人
7 男の子〔むすこ〕　**8** 人　**9** 人たち　**10** 友だち

6 「家族、親戚(しんせき)」を表すことば　CD-6

		意味	覚え方のコツ、使い方、発音
family	フェアミリィ [fǽməli]	家族	in my family となっていても、「私の一族には」という意味のときもあります。
parent	ペアゥレントゥ [péərənt]	親	a parent = 親(父または母) parents = 両親
son	サンヌ [sʌ́n]	むすこ	son は、身内が使うときは「むすこ」、他の人の son は「むすこさん」。
daughter	ドータァ [dɔ́:tər]	むすめ	daughter も、son と同じ考え方になります。
grandmother	グゥレアン・マザァ [grǽn(d)mʌðər]	おばあさん 祖母	grand(一親等(いっしんとう)あいた) + mother (母) = おばあさん = 祖母
grandfather	グゥレアン・ファーザァ [grǽn(d)fɑ:ðər]	おじいさん 祖父	grand(一親等あいた) + father (父) = おじいさん = 祖父
sister	スィスタァ [sístər]	姉 妹	an older sister = 姉 a younger sister = 妹
brother	ブゥラザァ [brʌ́ðər]	兄 弟	an older brother = 兄 a younger brother = 弟
uncle	アンコー [ʌ́ŋkl]	おじ	an uncle = ある1人のおじさん Uncle Tony = トニーおじさん
aunt	エァントゥ [ǽnt]	おば	two aunts = 2人のおばさん Aunt Judy = ジュディーおばさん
cousin	カズンヌ [kʌ́zn]	いとこ	a first cousin = いとこ a second cousin = またいとこ

24

確認ドリル

　　　　　のところの英単語の意味を　　　　　に書いてみましょう。

1 How large is your **family**?
あなたの　　　　　は何人家族ですか。

2 How are your **parents**?
あなたの　　　　　はお元気ですか。

3 I have two **sons**.
私には　　　　　が2人います。

4 Your **daughter** is pretty, isn't she?
あなたの　　　　　はかわいいですね。

5 How is your **grandmother**?
あなたの　　　　　はお元気ですか。

6 My **grandfather** on my mother's side is ninety years old.
私の母方の　　　　　は90才です。

7 We are **sisters**.
私たちは　　　　　です。

8 My **older brother** is twenty and my **younger brother** is ten.
私の　　　　　は20才で、私の　　　　　は10才です。

9 **Uncle** Tony is a teacher.
トニー　　　　　は先生です。

10 **Aunt** Judy is a teacher, too.
ジュディー　　　　　も先生です。

11 I have three **cousins**.
私には3人の　　　　　がいます。

解答
1 家族　　**2** ご両親　　**3** むすこ　　**4** むすめさん　　**5** おばあさん
6 祖父　　**7** 女のきょうだい　　**8** 兄、弟　　**9** おじさん
10 おばさん　　**11** いとこ

Part 1　人称代名詞、代名詞、疑問詞

7 疑問詞

		意味	覚え方のコツ、使い方、発音
what	ワットゥ [wát]	何を	What are you doing there? = 何をあなたはそこでしているのですか。
what	ワットゥ [wát]	何が	What is on the table? = 何がそのテーブルの上にありますか。
what	ワッ・ [wát]	何の どんな	what sport = どんな〔何の〕スポーツ「what + sport」の場合は t が消えるので「ワッ・」
which	ウィッチ [wítʃ]	どちらが	Which is your bike? = どちらがあなたの自転車ですか。
which	ウィッチ [wítʃ]	どちらの	Which bike is yours? = どちらの自転車があなたのものですか。
who	フー [húː]	だれが	Who likes Sachiko? = だれが佐知子さんを好きですか。
who	フー [húː]	だれを	Who does Sacico like? = だれを佐知子さんは好きですか。
whose	フーズ [húːz]	だれの	Whose bike is this? = これはだれの自転車ですか。
whose	フーズ [húːz]	だれのもの	Whose is this bike? = この自転車はだれのものですか。
how	ハーゥ [háu]	どうやって	How did you come here? = どうやってあなたはここに来ましたか。
how	ハーゥ [háu]	どれぐらい	How + 形容詞 + 疑問文？ How + 形容詞？= どれぐらい〜ですか？
how	ハーゥ [háu]	何て	How + 形容詞 + 普通の文！ How + 形容詞！= 何て〜なの！

確認ドリル

　　　　のところの英単語の意味を＿＿＿＿に書いてみましょう。

1 **What are you doing there?**
あなたはそこで＿＿＿＿しているのですか。

2 **What is on the table?**
＿＿＿＿そのテーブルの上にありますか。

3 **What sport do you like (the) best?**
あなたは＿＿＿＿スポーツが一番好きですか。

4 **Which is your bike?**
＿＿＿＿あなたの自転車ですか。

5 **Which bike is yours?**
＿＿＿＿自転車があなたのものですか。

6 **Who likes Sachiko?**
＿＿＿＿佐知子さんを好きなのですか。

7 **Who does Sachiko like?**
＿＿＿＿佐知子さんは好きですか。

8 **Whose bike is this?**
これは＿＿＿＿自転車ですか。

9 **Whose is this bike?**
この自転車は＿＿＿＿ですか。

10 **How did you come here?**
＿＿＿＿あなたはここに来ましたか。

11 **How old is this dictionary?**
この辞書は＿＿＿＿古いのですか。

12 **How old this dictionary is!**
この辞書は＿＿＿＿古いのだろう！

解答
1 何を　**2** 何が　**3** 何の〔どんな〕　**4** どちらが　**5** どちらの
6 だれが　**7** だれを　**8** だれの　**9** だれのもの　**10** どうやって
11 どれぐらい　**12** 何て

Part 2

基本動詞

8 ペアで覚えたい動詞（1） CD-8

		意味	覚え方のコツ、使い方、発音
begin	ビギンヌ／ビゲンヌ [bigín]	始まる (〜を)始める	8時から始まる = begin at 8 月曜日から始まる = begin on Monday
start	スタートゥ [stá:rt]	始まる (〜を)始める	4月から始まる = start in April
end	エンドゥ [énd]	終わる (〜を)終える	ends は［エンヅ］のように発音します。［ヅ］のにごった音です。
finish	フィニッシ [fíniʃ]	終わる (〜を)終える	finish に s をつけるときは、s のかわりに es をつけます。
get	ゲットゥ [gét]	(〜を)手に入れる (〜を)もらう	get B from A = A から B をもらう
give	ギヴ [gív]	(〜を)与える (〜を)くれる	give A B = A に B をあげる give A B = A に B をくれる
lose	ルーズ [lú:z]	(〜を)失う	lose の過去形は、lost［ローストゥ］
find	ファーインドゥ [fáind]	(〜を)見つける	find の過去形は、found［ファーゥンドゥ］
rise	ゥラーィズ [ráiz]	(太陽などが) 昇る 上がる	東から昇る = rise in the east
set	セットゥ [sét]	(太陽などが) 沈む	西に沈む = set in the west

☆きちんと単語を覚えているか、次のドリルをやって確認しましょう。

確認ドリル

　　　　のところの英単語の意味を_____に書いてみましょう。

1 **My last class will begin at two o'clock.**
　私の最後の授業は2時〔に、から〕_____。

2 **My last class will start at two o'clock.**
　私の最後の授業は2時〔に、から〕_____。

3 **My last class will end at three o'clock.**
　私の最後の授業は3時に_____。

4 **My last class will finish at three o'clock.**
　私の最後の授業は3時に_____。

5 **Then I will get a ticket to the concert from Tony.**
　それでは、私はトニー君からそのコンサートのチケット_____。

6 **Tony will give me a ticket to the concert.**
　トニー君はそのコンサートのチケットを私に_____でしょう。

7 **Where did you lose your bag?**
　あなたはどこであなたのかばん_____ったの。

8 **Where did you find your bag?**
　あなたはどこであなたのかばん_____たの。

9 **The sun rises in the east.**
　太陽は東から_____。

10 **The sun sets in the west.**
　太陽は西に_____。

解答
1 始まります　**2** 始まります　**3** 終わります　**4** 終わります
5 をもらいます〔を手に入れます〕　**6** くれる　**7** を失な
8 を見つけ　**9** 昇ります　**10** 沈みます

Part2 基本動詞

9 ペアで覚えたい動詞（2） CD-9

		意味	覚え方のコツ、使い方、発音
forget	フォゲッ・／ファゲッ・[fərgét]	（～を)忘れる	思い出すことができないという意味の「忘れました」はforgetです。
remember	ウリメンバァ[rimémbər]	（～を)思い出す（～を)覚えている	2つめのmは口を閉じて［ン］と発音します。
walk	ウォーク[wɔ́:k]	歩く	alで［オー］と読みます。
run	ウランヌ[rʌ́n]	走る	unで［アンヌ］と読みます。
sing	スィン・[síŋ]	（～を）歌う	ingのgの音は、鼻から息を抜きながら、［ン］と言います。
dance	デァンス[dǽns]	おどる	［æ］の記号は、エの口でアと発音します。この本では、エァと書いてあります。
play	プレーィ[pléi]	遊ぶ	ayで［エーィ］と読みます。
work	ワ～ク[wə́:rk]	働く	orで、口を小さく開けて［ア～］と読みます。
read	ウリードゥ[rí:d]	（～を）読む 読書する	eaで［イー］と読みます。
write	ウラーイトゥ[ráit]	（～を）書く	write A a letter ＝Aさんに手紙を書く

確認ドリル

■ のところの英単語の意味を_____に書いてみましょう。

1 I **forget** Saya's phone number.
私はさやさんの電話番号_____。

2 I can't **remember** Saya's phone number.
私はさやさんの電話番号_____ことができません。

3 Shall we **walk**?
_____ませんか。

4 Let's **run**.
_____ましょう。

5 Shall we **sing** together?
いっしょに_____ませんか。

6 Shall we **dance**?
_____ませんか。

7 Shall we **play** together?
いっしょに_____ませんか。

8 Don't **work** so hard.
_____すぎないようにね。

9 I like to **read**.
私は_____のが好きです。

10 Please **write** me a letter.
私に手紙_____ください。

解答
1 を忘れました〔を思い出せません〕　**2** を思い出す　**3** 歩き
4 走り　**5** 歌い　**6** おどり　**7** 遊び　**8** 働き　**9** 読書する
10 を書いて

10 ペアで覚えたい動詞（3） CD-10

		意味	覚え方のコツ、使い方、発音
succeed	サクスィードゥ [səksíːd]	成功する	succeed in the test ＝そのテストに合格する
fail	フェーィオ [féil]	（～に）失敗する	fail in～＝(仕事など)に失敗する fail the test＝そのテストに失敗する
sit	スィッ・ [sít]	すわる	sit down で「立っている状態から下にすわる」という意味です。
stand	ステァンドゥ [stǽnd]	立つ	stand up で「すわっている状態から上に立ち上がる」という意味です。
sell	セオ [sél]	（～を）売る （～を）売っている	sell には「売れる」という意味もあります。
buy	バーィ [bái]	（～を）買う	uy で、[アーィ] と読みます。
ask	エァスク [ǽsk]	（～を）たずねる	ask you a question ＝あなたに質問をする
answer	エァンサァ [ǽnsər]	（～に）答える	電話(the phone)や戸(the door)に答えるときも answer を使います。
open	オーゥプンヌ [óupn]	（～を）開ける	o △ e で [オーゥ] と読みます。
close	クローゥズ [klóuz]	（～を）閉める	o △ e で [オーゥ] と読みます。

確認ドリル

　　　　のところの英単語の意味を＿＿＿＿に書いてみましょう。

1 **I hope you will succeed.**

あなたは＿＿＿＿と思いますよ。

2 **Everyone fails once or twice.**

だれでも1度や2度は＿＿＿＿よ。

3 **Please sit down.**

＿＿＿＿ください。

4 **Please stand up.**

＿＿＿＿ください。

5 **Tony sells bikes.**

トニー君は自転車＿＿＿＿＿＿＿＿。

6 **I like to buy books.**

私は本＿＿＿＿のが好きです。

7 **May I ask your name?**

あなたのお名前＿＿＿＿してもよろしいですか。

8 **Please answer my questions.**

私の質問＿＿＿＿ください。

9 **May I open it?**

それ＿＿＿＿よろしいですか。［プレゼント＿＿＿＿よろしいですか。］

10 **Please close the door.**

その戸＿＿＿＿ください。

解答
1 成功する　**2** 失敗します　**3** おすわり　**4** お立ち
5 を売っています　**6** を買う　**7** をおたずね　**8** に答えて
9 を開けても　**10** を閉めて

11 ペアで覚えたい動詞（4） CD-11

		意味	覚え方のコツ、使い方、発音
spend	スペンドゥ [spénd]	（〜を）ついやす（〜を）過ごす	spend A 〜ing = A を〜するのについやす
save	セーィヴ [séiv]	（〜を）節約する（〜を）貯金する	a △ e で [エーィ] と読みます。
lend	レンドゥ [lénd]	（〜を）貸す	lend A B = A に B を貸す
borrow	ボーゥローゥ [bɔ́:rou]	（〜を）借りる	borrow B from A = A から B を借りる
break	ブゥレーィク [bréik]	（〜を）壊す 壊れる	ea で [エーィ] と読むことがたまにあります。
build	ビオドゥ [bíld]	（〜を）建てる	発音記号の [l] は舌を上の歯ぐきの裏につけて [オ] と言ってください。
cook	クック [kúk]	（〜を）料理する	「火を使って料理する」という意味です。
eat	イートゥ [í:t]	（〜を）食べる	ea で [イー] と読みます。
leave	リーヴ [lí:v]	（〜を）出発する	leave A = A を出発する leave A for B = B に向かって A を出発する
arrive	アゥラーィヴ [əráiv]	到着する	arrive [at, in] A = A に到着する 一地点を表しているときは at、かなり広がりを感じるときは in arrive there = そこに到着する

確認ドリル

のところの英単語の意味を_____に書いてみましょう。

1 Why don't you **spend** a little more time studying?

勉強にもう少しの時間_____たらどうですか。

2 I try to **save** water.

私は水_____ように心がけています。

3 Could you **lend** me one thousand yen?

私に1,000円_____いただけますか。

4 May I **borrow** one thousand yen?

1,000円_____よろしいですか。

5 Don't **break** this pen.

このペン_____はいけないよ。

6 I'm going to **build** a house in Sasayama.

私は篠山に家_____つもりです。

7 I don't like to **cook**.

私は_____のが好きではありません。

8 I like to **eat**.

私は_____のが好きです。

9 It's time to **leave** home.

家_____時間ですよ。

10 Tony will **arrive** there soon.

トニー君はもうすぐそこに_____でしょう。

解答
1 をついやし **2** を節約する **3** を貸して **4** をお借りしても
5 を壊して **6** を建てる **7** 料理をする **8** 食べる **9** を出る
10 到着する

12 使い分けが大切な動詞（1） CD-12

		意味	覚え方のコツ、使い方、発音
see	スィー [síː]	（〜を）見る	〜が自然に目に入る
watch	ワッチ [wátʃ]	（〜を）見る	動いている物を注意して見る
look at	ルッカッ・ [lúkət]	（〜を）見る	顔を向けて一点を注意して見る
meet	ミートゥ [míːt]	（〜に）会う	はじめて出会う場合によく使われます。
see	スィー [síː]	（〜に）会う	2回目以降に会う場合に使います。
help	ヘオプ [hélp]	（〜を）助ける	〜を手伝って助ける
save	セーィヴ [séiv]	（〜を）助ける （〜を）救う	（死や危険から）人や動物を救う
take	テーィク [téik]	（〜を）取る	〜を手に取る
get	ゲッ・ [gét]	（〜を）手に入れる	「〜を受け取る」という意味もあります。
receive	ゥレスィーヴ [risíːv]	（〜を）受け取る	一方的に来た物を受け取る

確認ドリル

□□のところの英単語の意味を_____に書いてみましょう。

1 **You can see Mt. Fuji from here.**
あなたはここから富士山_____ことができますよ。

2 **I like to watch TV.**
私はテレビ_____のが好きです。

3 **Look at me.**
私_____よ。

4 **It's nice to meet you.**
あなたに_____うれしいですよ。

5 **It's nice to see you again.**
またあなた_____うれしいですよ。

6 **Do you want me to help you?**
あなた_____ましょうか。

7 **I want to save that cat's life.**
私はあのネコの命_____たい。

8 **I want to take Judy's hand.**
私はジュディーさんの手_____たい。

9 **I want to get a driver's license.**
私は運転免許_____たい。

10 **I received a letter from Kitada.**
私は北田さんからの手紙_____。

解答
1 を見る　**2** を見る　**3** を見て　**4** （はじめて）お会いできて
5 に会えて　**6** を手伝い　**7** を助け　**8** を取り　**9** を取り
10 を受け取りました

13 使い分けが大切な動詞（2）　　CD-13

		意味	覚え方のコツ、使い方、発音
study	スタディ [stÁdi]	（〜を）勉強する	ただ勉強するだけ。
learn	ラ〜ンヌ [lə́ːrn]	（〜を）学ぶ	〜を学んだ結果、身につける。
have	ヘァヴ [hǽv]	（〜を）もっている	「もっている」という状態。
hold	ホーゥオドゥ [hóuld]	（〜を）もつ	「手にもつ」という動作。
go to bed	ゴーゥトゥ ベッドゥ [góu tə béd]	寝る	「床につく」という意味。
sleep	スリープ [slíːp]	寝る、眠る	「寝る」という状態。
bring	ブウリン・ [bríŋ]	（〜を）もって来る （〜を）もって行く	自分と相手の間をもって行ったり、来たりする。
take	テーィク [téik]	（〜を）もって行く	相手以外のところへもって行く。
come	カム [kÁm]	来る 行く	相手のところへ行く場合と相手が来る場合があります。
go	ゴーゥ [góu]	行く	相手以外のところへ行く。

確認ドリル

　　　のところの英単語の意味を_____に書いてみましょう。

1 I want to **study** English.

私は英語_____たい。

2 I want to **learn** English.

私は英語_____たい。

3 I **have** a CD player.

私は CD プレーヤー_____。

4 That boy **is holding** a CD player.

あの少年は CD プレーヤー_____。

5 I **go to bed** at ten.

私は 10 時に_____。

6 I always **sleep** for eight hours.

私はいつも 8 時間_____。

7 Then I will **bring** you your umbrella.

それでは、私があなたのところにあなたのかさ_____よ。

8 Then I will **take** Saori this umbrella.

それでは、私がさおりさんのところにこのかさ_____よ。

9 Then I will **come** to your house.

それでは、私があなたの家へ_____よ。

10 Then I will **go** to Ms. Kitada's house.

それでは、私が北田さんの家に_____よ。

解答
1 を勉強し　**2** を学び　**3** をもっています　**4** を手にもっています
5 寝ます　**6** 寝ます　**7** をもって行きます　**8** をもって行きます
9 行きます　**10** 行きます

14 使い分けが大切な動詞（3） CD-14

		意味	覚え方のコツ、使い方、発音
find out	ファーインダーゥトゥ [fáindáut]	（〜を）知る	動作を表しています。
know	ノーゥ [nóu]	（〜を）知っている わかる	状態を表しています。
get	ゲットゥ [gét]	（〜を）手に入れる	動作を表しています。
have	ヘァヴ [hæv]	（〜を）もっている	状態を表しています。
get on	ゲトーンヌ [getɔ́:n]	（〜に）乗る	動作を表しています。
ride away	ゥラーイダ ウェーイ [raidəwéi]	（〜に）乗って走り去る	状態を表しています。ride の過去形は rode ［ゥローゥドゥ］
fall in love with	フォーリンラヴウィずフ [fɔ́:lin lʌ́v wið]	（〜に）恋する	動作を表しています。
am in love with	アミンラヴウィずフ [əmin lʌ́v wið]	（〜に）恋している	状態を表しています。
join	ヂョーインヌ [dʒɔ́in]	（〜に）加わる	「クラブなどに入る」という動作を表しています。
belong to	ビロ(ー)ン・トゥ [bilɔ́(:)ŋ tə]	（〜に）所属している	状態を表しています。

確認ドリル

　　　のところの英単語の意味を＿＿＿＿に書いてみましょう。

1 I **found out** your secret.
　私はあなたの秘密＿＿＿＿。

2 I **know** your secret.
　私はあなたの秘密＿＿＿＿。

3 I **got** a watch from Mr. Fujii.
　私は藤井君から腕時計＿＿＿＿。

4 I still **have** the watch.
　私はまだその腕時計＿＿＿＿。

5 Tony **got on** his bike.
　トニー君は彼の自転車＿＿＿＿。

6 Tony **rode away**.
　トニー君は＿＿＿＿＿＿＿＿＿＿。

7 I **fell in love with** Sachiko.
　私は佐知子さん＿＿＿＿。

8 I **am still in love with** Sachiko.
　私はまだ佐知子さん＿＿＿＿＿＿＿＿。

9 Saya **joined** the flower arrangement club.
　さやさんは華道部＿＿＿＿。

10 Saya **belongs to** the flower arrangement club.
　さやさんは華道部＿＿＿＿。

解答
1 を知りました　　**2** を知っています　　**3** をもらいました
4 をもっています　**5** に乗りました　　**6** 乗って去って行きました
7 に恋をしました　**8** に恋しています　　**9** に入りました
10 に入っています

⑮ 使い分けを間違えやすい動詞

CD-15

		意味	覚え方のコツ、使い方、発音
teach	ティーチ [tíːtʃ]	(〜を)教える	「AにBをお金をもらって教える」という意味もあります。
tell	テォ [tél]	(〜を)教える	「AにBをお金をもらわないで教える」という意味です。
show	ショーゥ [ʃóu]	人に道を教える	「地図を書いたり、案内したりして道を教える」という意味です。
speak	スピーク [spíːk]	(〜を)話す	「言葉を話す」という意味と、「大勢の人に話す」という意味があります。
talk	トーク [tɔ́ːk]	話す	少人数で気軽に話をすること。
say	セーィ [séi]	(〜と)言う	口に出して言うこと。
hear	ヒアァ [híər]	(〜を)聞く (〜が)聞こえる	「〜が自然に耳に入る」という意味です。
listen to	リッスン トゥ [lísn tə]	(〜を)聞く	「注意して聞く」という意味です。
put	プッ・ [pút]	(〜を)置く	「何かをある場所、または状態に移動させる」という意味です。
set	セッ・ [sét]	(〜を)置く	「何かをある一定の場所、または状態に置く」という意味です。

確認ドリル

_____のところの英単語の意味を_____に書いてみましょう。

1 **Please teach me English.**

私に英語_____ください。

2 **Could you tell me the way to Sasayama Castle?**

私に篠山城へ行く道_____いただけますか。

3 **Could you show me the way to Sasayama Castle?**

篠山城へ行く道を私に_____いただけますか。

4 **I can speak English.**

私は英語_____ことができます。

5 **Shall we talk on the phone?**

電話で_____ませんか。

6 **I have to say good-bye.**

私はさようなら_____なければなりません。

7 **Can you hear me?**

私の言うこと_____ますか。

8 **Listen to me.**

私の言うこと_____よ。

9 **Where should I put this plant?**

どこに、このはち植え_____ましょうか。

10 **Set this plant in that corner.**

あの角にこのはち植え_____よ。

解答
1 を教えて　**2** を教えて　**3** 地図を書いて教えて　**4** を話す
5 話し　**6** を言わ　**7** が聞こえ　**8** を聞いて　**9** を置き
10 を置いて

Part2 基本動詞

16 動作や状態を表す動詞（1） CD-16

		意味	覚え方のコツ、使い方、発音
like	ラーィク [láik]	(〜が)好きです	like cats = ネコが好きです
love	ラヴ [lÁv]	(〜が)大好きです	love cats = ネコが大好きです
think	すィンク [θíŋk]	(〜と) 思う	「think that　主語＋動詞」のパターンをとりますが、話し言葉ではthatを省略します。
hope	ホーゥプ [hóup]	(〜を)望んでいます	I hope you will like this. ＝気に入っていただけるとうれしいのですが。
believe	ビリーヴ [bilí:v]	(〜を)信じています	「believe that　主語＋動詞」のパターンをとりますが、話し言葉ではthatを省略します。
live	リヴ [lív]	住んでいる	live in Sasayama City ＝篠山市に住んでいます
seem	スィーム [sí:m]	(〜のように)見える (〜のように)思える	seemは、実際に見て、聞いて、感じて〜のように見える[思える]
look	ルック [lúk]	(〜のように) 見える	It looks like rain. ＝雨が降りそうです。 You look happy. ＝あなたはうれしそうに見えますよ。
sound	サーゥンドゥ [sáund]	(〜に)思える	sound interesting = おもしろそうです sound like an interesting idea ＝おもしろい発想のように思います
taste	テーィストゥ [téist]	味がする	レモンのような味がする ＝ taste like [of] lemon
agree	アグゥリー [əgrí:]	同意する	agree with your opinion = agree with you = あなたの意見に同意する

確認ドリル

　　　のところの英単語の意味を_____に書いてみましょう。

1 **I like cats.**
　私はネコ_____。

2 **I love cats.**
　私はネコ_____。

3 **I think cats are cute.**
　私はネコはかわいい_____。

4 **I hope Saya calls.**
　私はさやさんから電話をかけて_____。

5 **I believe you will pass the test.**
　私はあなたはそのテストに受かると_____。

6 **I live in Sasayama City.**
　私は篠山市に_____。

7 **It seems hot, doesn't it?**
　熱い_____ね。

8 **It looks like rain, doesn't it?**
　雨が降り_____ね。

9 **That sounds like an interesting idea.**
　それはおもしろい発想_____。

10 **This tastes like lemon.**
　これはレモン_____。

11 **I agree with your opinion.**
　私はあなたの意見_____。

解答
1 が好きです　**2** が大好きです　**3** と思います　**4** ほしい
5 信じています　**6** 住んでいます　**7** ようです
8 そうです　**9** のように思います　**10** のような味がします
11 に同意します

17 動作や状態を表す動詞（2）　CD-17

		意味	覚え方のコツ、使い方、発音
put on	プットーンヌ [putɔ́:n]	（～を）着る （～を）身につける	put on A＝put A on＝～を身につける　動作を表します。
wear	ウェアァ [wéər]	（～を）着ている （～を）身につけている	毎日の状態を表します。今だけの状態のときは be wearing
have on	ヘァヴォーン [hævɔ́:n]	（～を）着ている （～を）身につけている	have on A＝have A on＝～を身につけている　今の状態を表します。
go to bed	ゴーウ トゥ ベッドゥ [góu tə béd]	寝る	「床につく」という動作を表します。
sleep	スリープ [slí:p]	寝る	「眠る」という状態を表します。
become	ビカム [bikʌ́m]	（～に）なる	動作を表します。
am	アム [əm]	です	状態を表します。
catch	キャッチ [kǽtʃ]	（～を）つかまえる	catch a cold で「かぜをひく」。過去形は caught［コートゥ］
have	ヘァヴ [hǽv]	（～を）もっている	have a cold で、「かぜをひいている」。
learn	ラ～ンヌ [lə́:rn]	（～を）学ぶ	「知識を獲得する」という動作を表します。
know	ノーウ [nóu]	（～を）知っている	「知識を保っている」という状態を表します。

48

確認ドリル

のところの英単語の意味を_____に書いてみましょう。

1 I **put on** my tie at home.
私は家で私のネクタイ_____。

2 I **am wearing** my tie.
私は私のネクタイ_____。

3 I **have** my tie **on**.
私は私のネクタイ_____。

4 I always **go to bed** at ten.
私はいつも10時に_____。

5 I always **sleep** for eight hours.
私はいつも8時間_____。

6 I **became** a teacher in 1980.
私は1980年に先生_____。

7 I **am** still a teacher.
私は今もなお先生_____。

8 I **caught** a cold yesterday.
私は昨日かぜ_____。

9 I still **have** a cold.
私はまだかぜ_____。

10 I **learned** a little Chinese.
私は少しの中国語_____。

11 I still **know** a little Chinese.
私はまだ少しの中国語_____。

解答
1 をしめます　**2** をしめています　**3** をしめています　**4** 寝ます
5 寝ます［眠ります］　**6** になりました　**7** です　**8** をひきました
9 をひいています　**10** を学びました　**11** を知っています

18 助動詞（1）肯定文の場合　CD-18

		意味	覚え方のコツ、使い方、発音
will	ウィォ [wil]	〜するつもりです 〜でしょう	Then I will〜. は、話をしているときに「それでは、私は〜しますよ。」のように使います。
be going to	ビー ゴーウィン・トゥ [bi: góuiŋ tə]	〜するつもりです	I am going to〜. は、〜するということをすでに決めているときに使います。
can	キャンヌ [kæn]	〜できる	can+動詞のときは［ケン］と言います。もし［キャン］と言うとcan'tとまちがえられます。Yes, I can.のときは［キャンヌ］。
be able to	ビー エーボー トゥ [bi: éibl tə]	〜できる	I can swim. よりも I am able to swim. の方が、できるということを強調したい言い方です。
must	マストゥ [məst]	〜しなければならない	I must〜. は、自分の意志で〜しなければならない、と言いたいときに使います。
have to	ヘァフトゥ／ヘァフタァ [hæftə]	〜しなければならない 〜する必要がある	I have to〜. は、まわりの事情から〜しなければならない、ということを言いたいときに使います。
may	メーィ [mei]	〜してもよい	You may leave. ＝あなたは帰ってもいいですよ。
should	シュッ・ [ʃud]	〜すべきです	must, have to よりは、ソフトな感じの言い方です。ただし、ていねいな言い方ではありません。
need to	ニー・トゥ [ní:d tə]	〜する必要がある	I need to study. ＝私は勉強する必要があります。

確認ドリル

　　　のところの英単語の意味を＿＿＿＿に書いてみましょう。

1 **Then I will stay at some hotel.**
それでは、私はどこかのホテルにとまる＿＿＿＿。

2 **I am going to stay at the Hotel Okura.**
私はホテル・オークラにとまる＿＿＿＿。

3 **I can swim.**
私は泳＿＿＿＿よ。

4 **I am able to swim.**
私は泳ぐ＿＿＿＿よ。

5 **I must see Sachiko.**
私は佐知子さんに会わ＿＿＿＿。

6 **I have to go to school at eight thirty.**
私は8時30分に学校へ行か＿＿＿＿。

7 **You may leave.**
あなたは帰っても＿＿＿＿よ。

8 **You should take the subway.**
地下鉄に乗る＿＿＿＿よ。

9 **You need to study more.**
あなたはもっと勉強する＿＿＿＿よ。

解答
1 ことにします　　**2** つもりです　　**3** げる　　**4** ことができる
5 なければならない　　**6** なければならない　　**7** いいです　　**8** べきです
9 必要があります

19 助動詞（२）疑問文の場合　CD-19

　　　　　　　　　　　　　　　　意 味　　　　覚え方のコツ、使い方、発音

Will you	ウィリュー [wilju:]	あなたがしてくれますか	上の立場の人が下の立場の人に使うと、ぴったりの表現です。
Can you	キャニュー [kænju:]	あなたがしてもらえますか	親しい間がらで使うと、ぴったりの表現です。
Could you	クッヂュー [kuʒdu:]	あなたがしていただけますか	ていねいに人や物を頼むときに使うと、ぴったりの表現です。
Would you	ウッヂュー [wuʒdu:]	あなたがしていただけますか	〜していただけますか ＝Would you〜？＝Could you〜？
Can I	キャナーィ [kænai]	私がしてもいいですか	親しい間がらで使うとぴったりの表現です。
May I	メーィアーィ [mei ai]	私がしてもかまいませんか	Can I〜？よりも、ていねいに許可を得たいときの表現です。
Should I	シュダーィ [ʃudai]	私がした方がいいですか 私がしましょうか	「私がした方がいいですか」という意味から「私がしましょうか」になったと考えるとよいでしょう。
Shall I	シャラーィ [ʃælai]	私がさせていただきましょうか	公式の場で使うとぴったりのかたい表現です。
Must I	マスターィ [mʌstai]	私がしなければならないですか	私がしなければならないですか ＝Must I〜？＝Do I have to〜？

確認ドリル

　　　　のところの英単語の意味を＿＿＿＿に書いてみましょう。

1 **Will you** open the window?

窓を開け＿＿＿＿＿＿。

2 **Can you** open the window?

窓を開けて＿＿＿＿＿＿。

3 **Could you** open the window?

窓を開けて＿＿＿＿＿＿。

4 **Would you** open the window?

窓を開けて＿＿＿＿＿＿。

5 **Can I** open the window?

私が窓を開けても＿＿＿＿＿＿。

6 **May I** open the window?

私が窓を開けても＿＿＿＿＿＿。

7 **Should I** open the window?

私が窓を開け＿＿＿＿＿＿。

8 **Shall I** open the window?

私が窓を開け＿＿＿＿＿＿＿＿＿＿＿＿。

9 **Must I** open the window?

私が窓を開け＿＿＿＿＿＿＿＿＿＿＿＿。

解答
1 てくれますか　　**2** もらえますか　　**3** いただけますか
4 いただけますか　　**5** いいですか　　**6** かまいませんか　　**7** ましょうか
8 させていただきましょうか　　**9** なければならないですか

Part 3

日常生活でよく使われる基本単語

20 月

CD-20

		意味	覚え方のコツ、使い方、発音
January	ヂェアニュエゥリィ [dʒǽnjueri]	1月	ary［エゥリィ］と読みます。
February	フェビュエゥリィ [fébjueri]	2月	アメリカ英語では、rを読まないで、［フェビュエゥリィ］と発音します。
March	マーチ [mɑ́:rtʃ]	3月	arで、口を大きく開けて［アー］と読みます。
April	エーィプゥリオ [éipril]	4月	rilで［ゥリオ］と読みます。
May	メーィ [méi]	5月	ayで［エーィ］と読みます。
June	ヂューンヌ [dʒúːn]	6月	u△eで［ユー］と読みます。
July	ヂュラーィ [dʒulái]	7月	lyで［ラーィ］と読みます。
August	オーガストゥ [ɔ́:gəst]	8月	auで［オー］と読みます。
September	セプテンバァ [septémbər]	9月	temで［テン］と読みます。［ン］のところが口を閉じているので、mになります。
October	アクトーゥバァ [ɑktóubər]	10月	o△eで［オーゥ］と読みます。
November	ノーゥヴェンバァ [nouvémbər]	11月	No+vem+berのように分けて覚えましょう。口を閉じて［ン］というときはmになります。
December	ディセンバァ [disémbər]	12月	De+cem+berのように分けて覚えましょう。

☆きちんと単語を覚えているか、次のドリルをやって確認しましょう。

確認ドリル

のところの英単語の意味を_____に書いてみましょう。

1 **Generally** *shogatsu* **means the first three days of January.**
一般的に、正月は_____の最初の3日を意味します。

2 **February has twenty-nine days in a leap year.**
_____は、うるう年には29日あります。

3 **The Girls' Festival is held on March (the) third.**
ひなまつりは、_____3日に行われます。

4 **April (the) first is April Fool's Day.**
_____1日は、エープリルフールの日です。

5 **May (the) fifth is Children's Day.**
_____5日は、子供の日です。

6 **June is in the rainy season.**
_____はつゆです。

7 **The** *Tanabata* **Festival is held on July (the) seventh.**
七夕まつりは_____7日に行われます。

8 **The** *Obon* **Festival is held from (the) thirteenth to (the) sixteenth of August.**
お盆は_____月13日から16日に行われます。

9 **We enjoy watching the moon around September (the) fifteenth.**
私たちは_____15日ごろにお月見をします。

10 **Halloween is October (the) thirty-first, isn't it?**
ハロウィーンは_____31日ですよね。

11 ***Shichi-go-san* is held on November (the) fifteenth.**
七五三は_____15日に行われます。

12 **Christmas Day is December (the) twenty-fifth.**
クリスマスは_____25日です。

解答
1 1月　**2** 2月　**3** 3月　**4** 4月　**5** 5月　**6** 6月　**7** 7月
8 8月　**9** 9月　**10** 10月　**11** 11月　**12** 12月

Part3 日常生活でよく使われる基本単語

21 曜日、季節

CD-21

		意味	覚え方のコツ、使い方、発音
Sunday	サンデーィ [sʌ́ndei]	日曜日	un で [アン] と読みます。
Monday	マンデーィ [mʌ́ndei]	月曜日	on で [アン] と読みます。
Tuesday	テューズデーィ [tjúːzdei]	火曜日	ue で [ユー] と読みます。
Wednesday	ウェンズデーィ [wénzdei]	水曜日	d を発音しません。
Thursday	さ〜ズデーィ [θə́ːrzdei]	木曜日	ur で口を小さく開けて [ア〜] と発音します。
Friday	フゥラーィデーィ [fráidei]	金曜日	Fri で [フゥラーィ] と読みます。
Saturday	セアタァデーィ [sǽtərdei]	土曜日	ur で口を小さく開けて [アァ] と発音します。
spring	スプゥリン・ [spríŋ]	春	ing を [イン・] のように発音します。
summer	サマァ [sʌ́mər]	夏	su [サ] のところにアクセントがあるので、m が重なっています。
fall	フォーオ [fɔ́ːl]	秋	all で [オーオ] と読みます。
winter	ウィンタァ [wíntər]	冬	nt になっているときは、ていねいに、発音しないときは、t を発音しないで、winter [ウィナァ] と言うこともよくあります。

確認ドリル

のところの英単語の意味を_____に書いてみましょう。

1 **Masakazu goes fishing every Sunday.**
正和さんは毎週_____に魚つりに行きます。

2 **Miki gets up early on Mondays.**
みきちゃんは毎週_____に早く起きます。

3 **Saori plays tennis on Tuesdays.**
さおりさんは毎週_____にテニスをします。

4 **Miho goes to Junkudo every Wednesday.**
実穂さんは毎週_____にジュンク堂へ行きます。

5 **Sawako practices playing *karuta* every Thursday.**
紗和子さんは毎週_____にカルタをとる練習をします。

6 **Mayumi goes dancing every Friday.**
真弓さんは毎週_____にダンスに行きます。

7 **Saya and her boyfriend date on Saturdays.**
さやさんと彼女のボーイフレンドは毎週_____にデートをします。

8 **There are many kinds of flowers in spring.**
_____にはいろいろな種類の花が咲きます。

9 **Many people go swimming in the sea in summer.**
多くの人々が_____には海に泳ぎに行きます。

10 **Fall is a good season for reading.**
_____は本を読むためのよい季節です。

11 **Many people go skiing in winter.**
多くの人々が_____にはスキーに行きます。

解答
1 日曜日　**2** 月曜日　**3** 火曜日　**4** 水曜日　**5** 木曜日
6 金曜日　**7** 土曜日　**8** 春　**9** 夏　**10** 秋　**11** 冬

22 「時」を表すことば (1) CD-22

単語	発音	意味	覚え方のコツ、使い方、発音
today	トゥデーィ [tədéi]	今日	today の後にisがきているとtodayが主語になっているので、名詞です。
tomorrow	トゥモーゥローゥ [təmɔ́:rou]	明日	Tomorrow is のようになっているときは、カレンダーによってはっきりしていることなので、will be になっていません。
yesterday	いェスタァデーィ [jéstərdei]	昨日	today, tomorrow, yesterday は、名詞の働きと副詞の働きがあります。
week	ウィーク [wí:k]	週	three times a week ＝1週間に3度［回］
month	マンす [mʌ́nθ]	月	once a month＝ひと月に1度［回］
year	いァア [jíər]	年	once a year＝1年に1度［回］
age	エーィヂ [éidʒ]	年齢	a△e で［エーィ］と読みます。
future	フューチァ [fú:tʃər]	未来	the future＝未来
past	ペァーストゥ／パーストゥ [pǽst]	過去	the past＝過去
century	センチュリィ [séntʃəri]	世紀	the twenty-first century ＝21番目の世紀＝21世紀

確認ドリル

のところの英単語の意味を_____に書いてみましょう。

1 **Today** is my birthday.

_____は私の誕生日です。

2 **Tomorrow** is Sawako's birthday.

_____は紗和子さんの誕生日です。

3 **Yesterday** was Saya's birthday.

_____はさやさんの誕生日でした。

4 I come here three times **a week**.

私は_____に3度ここに来ます。

5 I play tennis once **a month**.

私は_____に1度テニスをします。

6 I go to Tokyo once **a year**.

私は_____に1度東京に行きます。

7 Don't ask my **age**.

私の_____を聞かないで。

8 My dream for **the future** is to be a pilot.

私の_____の夢はパイロットになることです。

9 We can't go back to **the past**.

私たちは_____には戻れませんよ。

10 I love **the twenty-first century**.

私は_____が大好きです。

解答
1 今日　**2** 明日　**3** 昨日　**4** 1週間　**5** ひと月　**6** 1年
7 年［年齢］　**8** 将来　**9** 過去　**10** 21世紀

23 「時」を表すことば（2） CD-23

		意味	覚え方のコツ、使い方、発音
date	デーィトゥ [déit]	日付	a △ e で［エーィ］と読みます。
day	デーィ [déi]	日 曜日	on a nice day = ある晴れた日に
morning	モーニン・ [mɔ́ːrniŋ]	朝 午前中	in the morning = 午前中に 正確に言うと midnight から noon までを表します。
noon	ヌーンヌ [núːn]	正午	at noon = 正午に
afternoon	エァフタァヌーンヌ [æftərnúːn]	午後	in the afternoon = 午後に afternoon に s がついていると、複数の午後を表します。
evening	イーヴニン・ [íːvniŋ]	夕方 夜	in the evening = 夜に evening は、6時ごろから10時までを表します。
night	ナーィトゥ [náit]	夜	at night = 夜に、は習慣的なことを言うときに使います。 night は、6時ごろから11時59分までを表します。
midnight	ミッ・ナーィトゥ [mídnait]	真夜中	at midnight = 真夜中に
time	ターィム [táim]	時間 時間的な余裕	time は「時間的な余裕」。言いかえると「ひま」という意味です。
hour	アーゥァ [áuər]	時間	an hour = 1時間 for two hours = 2時間の間
minute	ミニットゥ [mínət]	分	in a few minutes = 2、3分したら

確認ドリル

のところの英単語の意味を_____に書いてみましょう。

1 **Write today's date.**
今日の_____を書いてね。

2 **What day is it today?**
今日は何_____ですか。

3 **I will be out all morning.**
私は_____ずっと外出しています。

4 **In Japan we have lunch at noon.**
日本では私たちは_____に昼食をとります。

5 **I will usually go shopping on Sunday afternoons.**
私はたいてい日曜日の_____に、ショッピングに出かけます。

6 **Will you be busy tomorrow evening?**
あなたは明日の_____はおいそがしいですか。

7 **At night I watch TV.**
_____に私はテレビを見ます。

8 **At midnight I go to bed.**
_____に私は寝ます。

9 **It's time!**
_____ですよ！

10 **I'll be back in an hour.**
_____で私は戻って来ますよ。

11 **I'll be back in a few minutes.**
2、3_____で私は戻って来ますよ。

解答
1 日付　**2** 曜日　**3** 午前中　**4** 正午　**5** 午後　**6** 夜　**7** 夜
8 真夜中　**9** 時間　**10** 1時間　**11** 分

24 家

		意味	覚え方のコツ、使い方、発音
house	ハーウス [háus]	家	house は売ったり買ったりできますが、home は心の中にあるものなので、ダンボールでできた家であったとしても、home なのです。
home	ホーゥム [hóum]	家 家庭	at home = 家に
room	ゥルーム [rú:m]	部屋	oo で［ウー］と読みます。
window	ウィンドーゥ [wíndou]	窓	wind（風）が window（窓）から入ると覚えれば2つ単語が覚えられます。
front door	フゥラン・ドーァ [fránt dɔ́:r]	玄関	at the (front) door = 玄関に on ～で［アン］と読みます。
kitchen	キチンヌ [kítʃin]	台所	in the kitchen = 台所に
living room	リヴィン・ゥルーム [lívɪŋ ru:m]	居間	in the living room = 居間に
bedroom	ベッ・ゥルーム [bédru:m]	ベッドルーム 寝室	bed（ベッド）+ room（部屋）= ベッドがある部屋 = 寝室
flower garden	フラーゥァ ガーデンヌ [fláuər gɑ:rdən]	花だん	アメリカでは、garden は「庭」というよりはむしろ、「花だん」を表すことの方が多いのです。
front yard	フゥラントゥ ヤードゥ [fránt já:rd]	前庭	a front yard = 前庭 a back yard = 裏庭

確認ドリル

　　　　のところの英単語の意味を＿＿＿＿に書いてみましょう。

1 I live in a three-story **house**.

　私は3階建ての＿＿＿＿に住んでいます。

2 Then I will be at **home** tomorrow.

　それでは、私は明日＿＿＿＿いますよ。

3 This **room** is beautiful, isn't it?

　この＿＿＿＿は美しいですね。

4 You can see Mt. Fuji from the **window**.

　その＿＿＿＿から富士山が見えますよ。

5 There is someone at the (front) **door**.

　＿＿＿＿にだれか［どなたか］いらっしゃっていますよ。

6 My mother is in the **kitchen**.

　私の母は＿＿＿＿にいます。

7 I study in the **living room**.

　私は＿＿＿＿で勉強をします。

8 Our house has four **bedrooms**.

　私たちの家には4つ＿＿＿＿があります。

9 Our house has a **flower garden**.

　私たちの家には＿＿＿＿があります。

10 Our house has a big **front yard**.

　私たちの家には大きな＿＿＿＿があります。

解答
1 家　　**2** 家に　　**3** 部屋　　**4** 窓　　**5** 玄関　　**6** 台所
7 居間　　**8** 寝室［ベッドルーム］　　**9** 花だん　　**10** 前庭

25 食べ物

CD-25

		意味	覚え方のコツ、使い方、発音
rice	ウラーィス [ráis]	米	i△eで[アーィ]と読みます。
bread	ブゥレッドゥ [bréd]	パン	eaで[エ]と読む場合もあります。
egg	エッグ [ég]	たまご	a boiled[ボーィオドゥ]egg =1個のゆでたまご boiled eggs=2個以上のゆでたまご
salad	セアラッドゥ [sǽləd]	サラダ	a fruit salad=フルーツサラダ
soup	スープ [súːp]	スープ	ouで[ウー]と読むことがあります。 (例) group[グゥループ]=グループ
vegetable	ヴェディタボー [védʒətəbl]	野菜	vegetableは数えられる名詞なので、sをつけることができます。
fruit	フゥルートゥ [frúːt]	くだもの	同じ種類のくだものが2つ =two pieces of fruit 2種類のくだもの=two fruit
apple	エアポー [ǽpl]	リンゴ	apple[æpl]の[pl]は[ポー]と発音すると英語らしく聞こえます。
orange	オゥレンヂ [ɔ́rindʒ]	オレンジ	1個のみかん=a mandarine[メァンダゥリンヌ]orange
banana	バネァナ [bənǽnə]	バナナ	a banana=1本のバナナ a bunch[バンチ]of bananas= 1ふさのバナナ

確認ドリル

　　　　のところの英単語の意味を＿＿＿＿に書いてみましょう。

1 I like rice very much.

　私は＿＿＿＿がとても好きです。

2 I eat some bread every morning.

　私は毎朝、少し＿＿＿＿を食べます。

3 I like boiled eggs.

　私はゆで＿＿＿＿が好きです。

4 I always have a fruit salad for dinner.

　私はいつも夕食にフルーツ＿＿＿＿をとります。

5 Your soup is on.

　あなたの＿＿＿＿ができていますよ。

6 I am fond of vegetables.

　私は＿＿＿＿が（とても）好きです。

7 I love fruit.

　私は＿＿＿＿が大好きです。

8 These apples keep well.

　これらの＿＿＿＿は、もちがいいですよ。

9 These oranges are very good.

　これらの＿＿＿＿はとてもおいしいですよ。

10 I eat a banana a day.

　私は1日に1本＿＿＿＿を食べます。

解答
1 米　**2** パン　**3** たまご　**4** サラダ　**5** スープ　**6** 野菜
7 くだもの　**8** リンゴ　**9** オレンジ　**10** バナナ

Part3　日常生活でよく使われる基本単語

26 体

		意味	覚え方のコツ、使い方、発音
head	ヘッドゥ [héd]	頭	Don't put your head out of the window. = 窓から顔を出してはいけないよ。
hair	ヘアァ [héər]	髪	a hair = 1本の髪の毛 have black hair = 黒い髪をしています
ear	イアァ [íər]	耳 音を聞き分ける力	両耳ならears、一方の耳ならear。 have an ear for music = 音楽を聴く耳があります
eye	アーイ [ái]	目 物を見分ける力	両目ならeyes、一方の目ならeye。 have an eye for painting = 絵を見る目があります
nose	ノーゥズ [nóuz]	鼻 物をかぎつける能力	have a good nose for = ～をかぎつける能力があります
mouth	マーゥす [máuθ]	口	My mouth is watering. =（おいしそうなので）口からよだれが出てきますよ。
finger	フィンガァ [fíŋgər]	指	fingerのgerは[ガァ]と発音しますが、singerのgerは[ンガァ]のように鼻にかけて発音します。
face	フェーイス [féis]	顔	have a cute face = かわいい顔をしています
leg	レッグ [lég]	脚	くるぶしから上をlegと言います。
foot	フットゥ [fút]	足	くるぶしから下をfootと言います。 a foot = 一方の足 feet = 両方の足

確認ドリル

　　　　のところの英単語の意味を　　　　　に書いてみましょう。

1 **My head is swimming.**

（2日酔いなどのせいで）　　　　　がくらくらしているんですよ。

2 **You have beautiful hair, don't you?**

あなたは美しい　　　　　をしていますね。

3 **My ear is ringing.**

　　　　　鳴りがしているんですよ。

4 **You have beautiful eyes, don't you?**

あなたは美しい　　　　　をしていますね。

5 **I have a good nose for something like this.**

私はこのようなことには　　　　がきくんですよ。

6 **My mouth is watering.**

（おいしそうなので）　　　　　からよだれが出てきますよ。

7 **You have long fingers, don't you?**

あなたは　　　　　が長いですね。

8 **Sawako has a cute face, doesn't she?**

紗和子さんはかわいい　　　　　をしていますね。

9 **I have weak legs.**

私は　　　　　が弱い。［私は弱い　　　　　をしています。］

10 **Someone stepped on my left foot.**

だれかが私の左　　　　　を踏（ふ）んだ。

解答
1 頭　　**2** 髪　　**3** 耳　　**4** 目　　**5** 鼻　　**6** 口　　**7** 指　　**8** 顔
9 脚（あし）　　**10** 足

27 コミュニケーションに関することば CD-27

		意味	覚え方のコツ、使い方、発音
communication	コミューニケーィションヌ [kəmju:nəkéiʃən]	コミュニケーション	a communication tool ＝コミュニケーションの道具
speech	スピーチ [spí:tʃ]	スピーチ	a five-minute speech ＝5分間のスピーチ
language	レアングウィッヂ [læŋgwidʒ]	言葉 言葉づかい	speak two languages＝2ヶ国語を話す　Watch your language.＝言葉づかいに気をつけなさいよ。
gesture	ヂェスチァァ [dʒéstʃər]	身ぶりをすること ジェスチャー	use gesture＝ジェスチャーを使う
letter	レタァ／レらァ [létər]	手紙	letter は数えられる名詞です。Are there any letters for me? ＝私に手紙が来ていますか。
mail	メーィオ [méil]	郵便	mail は数えられない名詞です。Is there any mail for me? ＝私に郵便が来ていますか。
e-mail	イーメィオ [í:meil]	Eメール	e-mail は「Eメールというもの」という意味のときは数えられませんが、「1通のEメール」というときは、an e-mail とします。
greeting card	グゥリーティン・カードゥ [grí:tiŋ ka:rd]	あいさつ状	exchange greeting cards ＝あいさつ状の交換をします
phone	フォーゥンヌ [fóun]	電話	telephone［テレフォーゥンヌ］の短縮形が phone です。
fax	フェアックス [fæks]	ファックス	I've just received a fax.＝たった今ファックスを受け取りました。

確認ドリル

　　　のところの英単語の意味を＿＿＿＿に書いてみましょう。

1 **English is a communication tool.**
英語は＿＿＿＿＿＿＿＿の道具です。

2 **I made a five-minute speech in English yesterday.**
私は昨日、英語で5分間の＿＿＿＿をしました。

3 **How many languages do you speak?**
あなたは何ヶ国＿＿＿＿を話しますか。

4 **I don't use as much gesture as you do.**
私はあなたほど＿＿＿＿を使いません。

5 **Are there any letters for me?**
私に＿＿＿＿が来ていますか。

6 **Is there any mail for me this morning?**
今朝は私あての＿＿＿＿が来ていますか。

7 **I often check my e-mail.**
私はよく＿＿＿＿をチェックします。

8 **Tony and I exchange greeting cards.**
トニー君と私は＿＿＿＿の交換をしています。

9 **What's your phone number at home?**
あなたのご自宅の＿＿＿＿番号は何番ですか。

10 **What's your fax number?**
あなたの＿＿＿＿番号は何番ですか。

解答
1 コミュニケーション　　**2** スピーチ　　**3** 語　　**4** ジェスチャー
5 手紙　　**6** 郵便　　**7** Eメール　　**8** あいさつ状　　**9** 電話
10 ファックス

Part 4

学校、仕事、趣味、スポーツ などの単語

28 学校

CD-28

		意味	覚え方のコツ、使い方、発音
school	スクーオ [skúːl]	学校	go to school＝学校へ勉強しに行く go to a school＝ある学校へ行く
junior high school	ヂューニャァ ハーイ スクーオ [dʒúːnjər hái skuːl]	中学校	日本の学校制度でいうと、中学校にあたります。
senior high school	スィニャァ ハーイ スクーオ [síːnjər hái skuːl]	高等学校	日本の学校制度でいうと、高校にあたります。
nursery school	ナースゥリィ スクーオ [náːrsəri skuːl]	保育園	5才以下の幼児の保育所
kindergarten	キンダァ ガートゥンヌ [kíndərgɑːrtn]	幼稚園	be in kindergarten ＝幼稚園にいます［です］
elementary school	エレメンタゥリィ スクーオ [eləméntəri skuːl]	小学校	elementary（初等の）＋school（学校）＝小学校
college	カレッヂ [kálidʒ]	大学	go on to college＝大学に進学する go to college＝大学に通う
university	ユニヴァ～スィティ [juːnəvə́ːrsəti]	大学	アメリカでは大学院がある大学をuniversityと呼んでいます。
teacher	ティーチァァ [tíːtʃər]	先生	teach（教える）＋er（人）＝先生
student	ステューデントゥ [stjúːdənt]	学生	アメリカでは中学校以上の学生をstudentと呼ぶのが一般的ですが、小学生に対してもstudentと言うこともあります。

☆きちんと単語を覚えているか、次のドリルをやって確認しましょう。

確認ドリル

　　　　のところの英単語の意味を＿＿＿＿に書いてみましょう。

1 I go to school by bike.
私は自転車で＿＿＿＿に行きます。

2 My younger sister Miho goes to junior high school by bus.
私の妹の実穂はバスで＿＿＿＿に通っています。

3 My older sister Mayumi goes to senior high school.
私の姉の真弓は＿＿＿＿に通っています。

4 My son Tony goes to nursery school.
私のむすこのトニーは＿＿＿＿に通っています。

5 Our son is still in kindergarten.
私たちのむすこはまだ＿＿＿＿です。

6 Is there an elementary school near here?
この近くに＿＿＿＿がありますか。

7 I want to go on to college.
私は＿＿＿＿に進学したい。

8 Asami goes to Bukkyo University.
あさみちゃんは佛教＿＿＿＿に通っています。

9 Saya wants to be a Japanese teacher.
さやさんは日本語［国語］の＿＿＿＿になりたいと思っています。

10 Are you a high school student?
あなたはハイスクールの＿＿＿＿ですか。

解答
1 学校　　**2** 中学校　　**3** 高等学校　　**4** 保育園　　**5** 幼稚園
6 小学校　　**7** 大学　　**8** 大学　　**9** 先生　　**10** 学生

Part.4　学校、仕事、趣味、スポーツなどの単語

29 学用品

		意味	覚え方のコツ、使い方、発音
pen	ペンヌ [pén]	ペン	nの音は、口を閉じずに舌を歯ぐきの裏につけて発音します。
pencil	ペンソー [pénsl]	えんぴつ	[sl] のようになっているので、l を [オ] と考えて [ソ] と読みます。最後の [ソ] は少し伸びて聞こえます。
notebook	ノーゥ・ブック [nóutbuk]	ノート	note [覚え書き] + book [本の形をしている物] = ノート
desk	デスク [désk]	机	sk [スク] は [スッ] と [クッ] のように発音してください。
chair	チェアァ [tʃéər]	いす	air で [エアァ] と読みます。
bag	ベアッグ [bǽg]	バッグ かばん	a paper [ペーィパァ] bag = 紙の袋 a plastic [プレァスティック] bag = ビニールの袋
school uniform	スクーオ ユーニフォーム [skúːl júːnəfɔːrm]	学生服	school(学校の) + uniform(制服) = 学生服 英語では名詞が2つ並んでいるときは、前の名詞を「〜の」と考えるとわかりやすいのです。
shoe	シュー [ʃúː]	くつ	このくつ = this pair [ペアァ] of shoes = these shoes
paper	ペーィパァ [péipər]	紙	a piece [ピース] of paper = 1枚の紙
tissue	ティシュー [tíʃuː]	ティッシュ	私はティッシュをもっていません。 = I have no tissues. と言うこともできます。

確認ドリル

　　　のところの英単語の意味を_____に書いてみましょう。

1 This **pen** really writes well.

この_____は本当によく書けますよ。

2 How much is this **pencil**?

この_____はおいくらですか。

3 This **notebook** is easy to use.

この_____は使いやすいよ。

4 This **desk** was made by my father.

この_____は私の父が作ったんですよ。

5 This **chair** is comfortable to sit on.

この_____はすわり心地がいいですよ。

6 This **bag** was made in Italy.

この_____はイタリア製ですよ。

7 Your **school uniform** looks good on you.

あなたの_____はあなたによくにあっていますよ。

8 These **shoes** are new.

この_____はおろしたてです。

9 This doll is made of **paper**.

この人形は_____でできています。

10 I don't have any **tissues**.

私は_____をまったくもっていません。

Part4 学校、仕事、趣味、スポーツなどの単語

解答
1 ペン　　**2** えんぴつ　　**3** ノート　　**4** 机　　**5** いす　　**6** かばん
7 学生服　　**8** くつ　　**9** 紙　　**10** ティッシュ

30 学校生活　CD-30

		意味	覚え方のコツ、使い方、発音
school life	スクーオ ラーィフ [skúːl laif]	学校生活	英語では、名詞＋名詞になっているときは、1つめの名詞をより強く発音します。
class	クレァス [klæs]	授業	in class＝授業中に two classes＝2つの授業
lesson	レッスンヌ [lésn]	レッスン	lessonにはsをつけて使うことが多いようです。
club	クラブ [kláb]	クラブ	英語ではuを［ʌ／ア］と読むことが多いのです。
homework	ホーゥムワ〜ク [hóumwəːrk]	宿題	do my homework ＝私の宿題をする
question	クウェスチョンヌ [kwéstʃən]	問題	questionとproblemが同じように使われることも多いようです。
problem	プゥラブレム [prábləm]	問題	理科系の問題はproblemで、文科系の問題はquestionです。
library	ラーィブゥラゥリィ [láibrəri]	図書館	libraryには、「図書館」「図書室」「蔵書」の意味があります。
PC	ピースィー [píːsíː]	パソコン	PC＝personal（1個人の）computer（コンピューター）
the Internet	ずィ インタァネッ· [ði íntərnet]	インターネット	Internetには必ずtheをつけて使います。イの音から始まっているので、theを［ずィ］と読みます。

確認ドリル

のところの英単語の意味を＿＿＿＿に書いてみましょう。

1 How is your **school life**?
あなたの＿＿＿＿はいかがですか。

2 How many **classes** do you have today?
今日はいくつの＿＿＿＿を受けますか。

3 Saya is taking calligraphy **lessons**.
さやさんは習字の＿＿＿＿を受けています。

4 What **club** do you belong to?
あなたは何＿＿＿＿に入っていますか。

5 I have to do my **homework**.
私の＿＿＿＿をしなければなりません。

6 Most **questions** on today's English test were easy.
今日の英語のテストのほとんどの＿＿＿＿は簡単でした。

7 This math **problem** is easy.
この数学の＿＿＿＿は簡単です。

8 I always study in this **library**.
私はいつもこの＿＿＿＿で勉強します。

9 I have a desktop **PC**.
私はデスクトップ型の＿＿＿＿を1台持っています。

10 I use **the Internet** to shop.
私はショッピングのために＿＿＿＿＿＿を使います。

Part4 学校、仕事、趣味、スポーツなどの単語

解答
1 学校生活　**2** 授業　**3** レッスン　**4** クラブ　**5** 宿題　**6** 問題
7 問題　**8** 図書館　**9** パソコン　**10** インターネット

31 教科

		意味	覚え方のコツ、使い方、発音
subject	サブヂェクトゥ [sábdʒekt]	教科 話題	To change the subject ＝話は変わるけど
English	イングリッシ／ イングリッシュ [íŋgliʃ]	英語	in English＝英語で
math	メァす [mǽθ]	数学	mathematics［メァすィメァティックス］の省略形が math です。
Japanese	ヂェアパニーズ [dʒæpəníːz]	日本語	Japanese は日本の教科でいうと「国語」になります。国語という考え方があるのは、韓国と日本だけです。
French	フゥレンチ [fréntʃ]	フランス語	speak French＝フランス語を話す speak <u>in</u> French＝フランス語<u>で</u>話す
science	サーィエンス [sáiəns]	理科 科学	a science class＝理科の授業
history	ヒスチュリィ [hístəri]	歴史	Japanese history＝the history of Japan＝日本史
art	アートゥ [ɑːrt]	美術 芸術	Art is long, life is short. ＝芸術は長く、人生は短し。
music	ミューズィック [mjúːzik]	音楽	listen to music＝音楽を聴く a piece of music＝1曲の音楽
P. E.	ピーイー [píːíː]	体育	Physical Education＝P. E.＝体育

確認ドリル

　　　　のところの英単語の意味を＿＿＿＿に書いてみましょう。

1 What **subject** do you like (the) best?
　　あなたは何の＿＿＿＿が一番好きですか。

2 I like **English** (the) best.
　　私は＿＿＿＿が一番好きです。

3 I am good at **math**.
　　私は＿＿＿＿が得意です。

4 I'm not good at **Japanese**.
　　私は＿＿＿＿が得意ではありません。

5 I can speak **French**.
　　私は＿＿＿＿を話すことができます。

6 I like **science** and math.
　　私は＿＿＿＿と数学が好きです。

7 I like **Japanese history**.
　　私は＿＿＿＿が好きです。

8 I am interested in **art**.
　　私は＿＿＿＿に興味があります。

9 I love **music**.
　　私は＿＿＿＿が大好きです。

10 The third period is **P. E.**
　　3時間目は＿＿＿＿です。

解答
1 教科　**2** 英語　**3** 数学　**4** 日本語　**5** フランス語　**6** 理科
7 日本史　**8** 美術　**9** 音楽　**10** 体育

Part4　学校、仕事、趣味、スポーツなどの単語

32 音楽、楽器

CD-32

		意味	覚え方のコツ、使い方、発音
instrument	インスチュルメントゥ [ínstrəmənt]	楽器	play an instrument ＝楽器を演奏する
piano	ピエァノーゥ [piǽnou]	ピアノ	play the piano＝ピアノをひく play a piece on the piano ＝1曲ピアノでひく
flute	フルートゥ [flúːt]	フルート	the flute＝フルート 楽器にはいつも the をつけて使います。
guitar	ギター [gitáːr]	ギター	the guitar＝ギター
violin	ヴァーィアリンヌ [vaiəlín]	バイオリン	practice the violin ＝バイオリンを練習する lin のところを強く発音します。
organ	オーガンヌ [ɔ́ːrgən]	オルガン	the＋母音（ア、イ、ウ、エ、オ）から始まる単語のときは the を[ずィ]と読みます。
music	ミューズィック [mjúːzik]	音楽	listen to music＝音楽を聴く listen to the music＝その音楽を聴く
musician	ミューズィシァンヌ [mjuːzíʃən]	音楽家	music（音楽）＋ian（人）＝音楽家 (例) a musician＝1人の音楽家
words	ワ〜ヅ [wə́ːrdz]	歌詞	word（単語、言葉）＋s（2つ以上）＝歌詞 the words of this song＝この歌の歌詞
pianist	ピエァニストゥ [piǽnist]	ピアニスト	piano（ピアノ）の o を消して＋ist（人）＝ピアノをひく人 (例) a guitarist（1人のギターをひく人）

確認ドリル

　　　　のところの英単語の意味を＿＿＿＿に書いてみましょう。

1 **Do you play an instrument?**

あなたは＿＿＿＿を演奏しますか。

2 **I play the piano every day.**

私は毎日＿＿＿＿をひきます。

3 **Ms. Mihara can play the flute very well.**

三原さんは＿＿＿＿をとてもじょうずに吹くことができます。

4 **Saya is good at playing the guitar.**

さやさんは＿＿＿＿をひくのが得意です。

5 **Ms. Hagimori practices the violin every day.**

萩森さんは毎日＿＿＿＿の練習をします。

6 **This organ is mine.**

この＿＿＿＿は私のものです。

7 **I like listening to music.**

私は＿＿＿＿を聴くのが好きです。

8 **My father is a musician.**

私の父は＿＿＿＿です。

9 **I forget the words of this song.**

私はこの歌の＿＿＿＿を思い出せません。

10 **Is your father a professional pianist?**

あなたのお父さんはプロの＿＿＿＿ですか。

解答
1 楽器　**2** ピアノ　**3** フルート　**4** ギター　**5** バイオリン
6 オルガン　**7** 音楽　**8** 音楽家　**9** 歌詞　**10** ピアニスト

Part4 学校、仕事、趣味、スポーツなどの単語

33 スポーツ（1） CD-33

単語	発音	意味	覚え方のコツ、使い方、発音
sport	スポートゥ [spɔ́:rt]	スポーツ	I like sports. ＝私はスポーツが好きです。
team	ティーム [tí:m]	チーム	I am on the school baseball team. ＝私は学校の野球チームの一員です。
game	ゲーィム [géim]	試合 ゲーム	play a game of tennis ＝テニスを1ゲームする
tennis	テニス [ténis]	テニス	I play tennis. ＝私はテニスをします。
player	プレーィアァ [pléiər]	選手	I am a tennis player. ＝I play tennis.
baseball	ベーィスボーオ [béisbɔ:l]	野球	野球をする＝play baseball ＝be a baseball player
soccer	サッカァ [sákər]	サッカー	play soccer＝サッカーをする a soccer ball＝サッカーのボール
basketball	ベァスケッ・ボーオ [bǽskitbɔ:l]	バスケットボール	バスケットをする＝play basketball ＝be a basketball player
volleyball	ヴァリィボーオ [válibɔ:l]	バレーボール	バレーボールをする＝play volleyball ＝be a volleyball player
hockey	ハッキィー [háki]	ホッケー	a hockey goalkeeper［ゴーゥオキーパァ］＝ホッケーのゴールキーパー

確認ドリル

___のところの英単語の意味を_____に書いてみましょう。

1 What **sport** do you like (the) best?
あなたはどの_____が一番好きですか。

2 I am on the school baseball **team**.
私は学校の野球_____のメンバーです。

3 Shall we play a **game** of tennis?
テニスの_____をしませんか。

4 Let's play a game or two of **tennis**.
１ゲームか２ゲーム_____をしましょう。

5 I am a tennis **player**.
私はテニスの_____です。

6 I like to play **baseball**.
私は_____をするのが好きです。

7 Do you play **soccer**?
あなたは_____をしますか。

8 Mr. Fujii is a good **basketball** player.
藤井君はじょうずな_____の選手です。

9 **Volleyball** is popular in Japan.
_____は日本では人気があります。

10 I hear Saya was a **hockey** goalkeeper.
さやさんは_____のゴールキーパーだったそうです。

解答
1 スポーツ **2** チーム **3** 試合［ゲーム］ **4** テニス **5** 選手
6 野球 **7** サッカー **8** バスケットボール **9** バレーボール
10 ホッケー

Part4 学校、仕事、趣味、スポーツなどの単語

34 スポーツ（2）

		意 味	覚え方のコツ、使い方、発音
camping	キャンピン・ [kǽmpiŋ]	キャンプをすること キャンプ	go camping＝キャンプに行く
climbing	クラーィミン・ [kláimiŋ]	登山 クライミング	go climbing＝山登りに行く
skiing	スキーイン・ [skíːiŋ]	スキーをすること スキー	go skiing＝スキーに行く
skating	スケーィティン・ [skéitiŋ]	スケートをすること スケート	go skating＝スケートに行く
running	ゥラニン・ [rʌ́niŋ]	走ること ランニング	run＋ning＝「ラン＋ニング」のように読まないようにしてください。
walking	ウォーキン・ [wɔ́ːkiŋ]	ウォーキング	walk（歩く）＋ing（こと） ＝ウォーキング
jogging	ヂァギン・ [dʒɑ́giŋ]	ジョギング	jog（ジョギングする）＋ing（こと）＝ジョギング jog in the park＝その公園でジョギングをする
swimming	スウィミン・ [swímiŋ]	水泳 スイミング	go swimming＝泳ぎに行く
dancing	デアンスィン・ [dǽnsiŋ]	おどり ダンス	go dancing＝ダンスに行く
judo	ヂュードーゥ [dʒúːdou]	柔道	practice［プュレァクティス］judo ＝柔道をする take lessons in judo＝柔道を習う

確認ドリル

　　　のところの英単語の意味を＿＿＿＿に書いてみましょう。

1 **My hobby is camping.**
私の趣味は＿＿＿＿です。

2 **I like climbing.**
私は＿＿＿＿が好きです。

3 **Ms. Hori is good at skiing.**
堀さんは＿＿＿＿が得意です。

4 **I'm not good at skating.**
私は＿＿＿＿が不得意です。

5 **I am fond of running.**
私は＿＿＿＿が（とても）好きです。

6 **Walking is good for your health.**
＿＿＿＿はあなたの健康によろしいですよ。

7 **Shall we start jogging?**
＿＿＿＿を始めませんか。

8 **We have swimming at school on Mondays.**
私たちは学校で毎週月曜日に＿＿＿＿をします。

9 **Let's enjoy dancing.**
＿＿＿＿を楽しみましょう。

10 **I practice judo every day.**
私は毎日＿＿＿＿の練習をします。

解答
1 キャンプ　**2** 登山　**3** スキー　**4** スケート　**5** ランニング
6 ウォーキング　**7** ジョギング　**8** 水泳　**9** ダンス　**10** 柔道

Part4　学校、仕事、趣味、スポーツなどの単語

35 仕事、職業

		意味	覚え方のコツ、使い方、発音
work	ワ〜ク [wə́:rk]	仕事	work は「やるべき仕事」「職業としての仕事」
job	ヂァブ／ヂョブ [dʒɑb]	仕事	job は「これから見つける仕事」「仕事の結果としての仕事」「義務という意味の仕事」
singer	スィンガァ [síŋər]	歌手	I'm a singer. = I sing. = 私は歌う。nger は鼻にかけて「ンガァ」と発音してください。
baseball player	ベースボープレーィアァ [béisbɔ:l pleiər]	野球選手	I am a baseball player. = I play baseball. = 私は野球をします。
soccer player	サッカープレーィアァ [sákər pleiər]	サッカー選手	be a soccer player = play soccer = サッカーをします
doctor	ダクタァ [dáktər]	医者	or で終わっているときは人を表していることが多いようです。
nurse	ナ〜ス [nə́:rs]	看護師 ナース	かん者の世話をする人を「ナース」と覚えましょう。
teacher	ティーチァァ [tí:tʃər]	先生	teach（教える）+ er（人）= 先生
engineer	エンヂニアァ [endʒəníər]	エンジニア 技術者	engine（エンジン）+ er（人）= エンジニア［技術者］
officer	オーフィサァ [ɔ́:fəsər]	警察官	a police officer = an officer = ある1人の警察官

確認ドリル

　　のところの英単語の意味を＿＿＿＿に書いてみましょう。

1 I have a lot of work to do.
私はたくさんのやるべき＿＿＿＿があります。

2 I found a job yesterday.
私は昨日＿＿＿＿を見つけました。

3 My dream for the future is to be a singer.
私の将来の夢は＿＿＿＿になることです。

4 I want to be a baseball player.
私は＿＿＿＿になりたい。

5 Who is this soccer player?
この＿＿＿＿はだれですか。〔写真を一緒に見ているときに〕

6 Then I will introduce you to a good doctor.
それでは、私がよい＿＿＿＿を紹介しますよ。

7 Ms. Kumamoto's dream is to be a nurse.
熊元さんの夢は＿＿＿＿になることです。

8 Our homeroom teacher is Mrs. Kaoru Wada.
私たちの担任の＿＿＿＿は和田かおる先生です。

9 My father is an engineer.
私の父は＿＿＿＿です。

10 My mother is an officer.
私の母は＿＿＿＿です。

解答
1 仕事　**2** 仕事　**3** 歌手　**4** 野球選手　**5** サッカー選手
6 お医者さん　**7** 看護師［ナース］　**8** 先生　**9** エンジニア［技術者］
10 警察官

Part4 学校、仕事、趣味、スポーツなどの単語

Part 5

街、国、自然、動植物に関する単語

36 街の建物　　CD-36

		意味	覚え方のコツ、使い方、発音
building	ビオディン・ [bíldiŋ]	ビル 建物	動作の結果を表す ing があります。 build（建てる）+ ing（その結果） ＝建物、ができる。
hotel	ホーゥテオ [houtél]	ホテル	stay at a hotel ＝あるホテルにとまる
station	スティーションヌ [stéiʃən]	駅	meet at the station ＝その駅で出会う shop in the station ＝その駅の中でショッピングをする
hospital	ハスピトー／ ハスピろー [háspitl]	病院	hospital が［ハスピろー］に聞こえることがあります。
post office	ポーゥストーフィス [póustɔ̀:fəs]	郵便局	a post office＝1つの郵便局
castle	キャソー [kǽsl]	城	a castle＝1つのお城 Sasayama Castle＝篠山城
museum	ミューズィ(ー)アム [mju:zí(:)əm]	美術館 博物館	museum には「美術館」と「博物館」の意味があります。
city hall	スィティー ホーオ [síti hɔ́:l]	市役所	city hall は a や the をつけずに使うことが多く、大文字（City Hall）で表すこともあります。
tower	ターゥアァ [táuər]	タワー	a tower＝1つのタワー Tokyo Tower＝東京タワー
movie theater	ムーヴィー すィーアタァ [mú:vi θì:ətər]	映画館	a movie theater＝1つの映画館

☆きちんと単語を覚えているか、次のドリルをやって確認しましょう。

確認ドリル

　　　　のところの英単語の意味を＿＿＿＿に書いてみましょう。

1　How tall is that building?
あの＿＿＿＿は何階建てですか。

2　I'm going to stay at a hotel in Kyoto.
私は京都のある＿＿＿＿にとまるつもりです。

3　Is there a station near here?
この近くに＿＿＿＿がありますか。

4　Is there a hospital around here?
このあたりに＿＿＿＿がありますか。

5　Is there a post office around?
このあたりに＿＿＿＿がありますか。

6　Have you ever been to Sasayama Castle?
篠山＿＿＿＿へ行ったことがありますか。

7　This museum is worth visiting.
この＿＿＿＿は訪れる価値があります。

8　Could you tell me how to get to City Hall?
＿＿＿＿へ行く道を教えていただけますか。

9　Have you ever been to Tokyo Tower?
あなたは東京＿＿＿＿へ行ったことがありますか。

10　A new film is showing at the local movie theater.
新しい映画が近くの＿＿＿＿で上映されています。

解答
1 ビル［建物］　**2** ホテル　**3** 駅　**4** 病院　**5** 郵便局　**6** 城
7 美術館［博物館］　**8** 市役所　**9** タワー　**10** 映画館

Part5　街、国、自然、動植物に関する単語

37 交通機関（1）

CD-37

		意味	覚え方のコツ、使い方、発音
car	カー [káːr]	車	by car = 車で in my car = 私の車で
bike	バーイク [báik]	自転車	by bike = 自転車で on my bike = 私の自転車で
motorbike	モーゥタァ バーイク [móutərbaik]	オートバイ	by motorbike =（小型の）オートバイ［モーターバイク］で
plane	プレーインヌ [pléin]	飛行機	by plane = 飛行機で
bus	バス [bʌ́s]	バス	by bus = バスで on the last bus = 最終のバスで
ship	シップ [ʃíp]	船	ship は「定期船」のことを言います。
boat	ボーゥトゥ [bóut]	小船	boat は ship よりも小さい船を意味します。日本語の「ボート」は rowboat［ゥローゥボーゥトゥ］と言います。
subway	サブウェーイ [sʌ́bwei]	地下鉄	sub（下に）+ way（道）= 地下鉄
train	チュレーインヌ [tréin]	列車 電車	train（引きずって行く物）= 列車［電車］
taxi	テァクスィ [tǽksi]	タクシー	「タクシー」は正式には taxicab と言います。taxi はおもにイギリスで使われ、アメリカでは cab［キャブ］を使います。

確認ドリル

のところの英単語の意味を_____に書いてみましょう。

1 **I go to work by car.**

私は_____仕事に行きます。

2 **I go to school by bike.**

私は_____学校に行きます。

3 **I bought a motorbike yesterday.**

私は昨日_____を買いました。

4 **Shall we go to Tokyo by plane?**

_____東京へ行きませんか。

5 **Shall we take the last bus?**

最終の_____に乗りませんか。

6 **Shall we go to Hokkaido by ship?**

_____北海道へ行きませんか。

7 **Shall we go fishing in a boat?**

_____でつりに行きませんか。

8 **I take the subway to work.**

私は_____に乗って働きに行きます。

9 **I'm leaving for Osaka on the next train.**

私は次の_____で大阪に向かいます。

10 **Shall we go to Osaka Station by taxi?**

_____大阪駅へ行きませんか。

解答
1 車で **2** 自転車で **3** オートバイ **4** 飛行機で
5 バス **6** 船で **7** 小船 **8** 地下鉄 **9** 電車
10 タクシーで

38 交通機関（2） CD-38

		意味	覚え方のコツ、使い方、発音
airplane	エァァプレーィンヌ [éərplein]	飛行機	飛行機に乗る＝take an airplane ＝take a plane
plane	プレーィンヌ [pléin]	飛行機	飛行機で＝by plane＝by air
airport	エァァポートゥ [éərpɔːrt]	空港 飛行場	at an airport＝ある飛行場で at Haneda Airport＝羽田空港で
airline	エァァラーィンヌ [éərlain]	航空会社	American Airlines＝アメリカン航空　theを前につけないようにしてください。
flight	フラーィトゥ [fláit]	定期航空便 フライト	How long is the flight to Osaka? ＝大阪までのフライトはどれくらいの時間がかかりますか。
pilot	パーィラットゥ [páilət]	パイロット	to be a pilot ＝パイロットになること
flight attendant	フラーィタテンダントゥ [fláitətèndənt]	飛行機の 客室乗務員	to be a flight attendant ＝客室乗務員になること
passenger	ペァセンヂァァ [pǽsəndʒər]	乗客	a passenger＝ある1人の乗客
baggage	ベァギッヂ [bǽgidʒ]	手荷物	いくつの手荷物 ＝how many pieces of baggage ＝how much baggage
Customs	カスタムズ [kʌ́stəmz]	税関	go through the Customs ＝税関を通過する cは小文字の場合もあります。

確認ドリル

　　　　のところの英単語の意味を_____に書いてみましょう。

1 **Then I will take an airplane for Osaka.**
それでは、私は大阪行きの_____に乗りますよ。

2 **Then I will go to Osaka by plane.**
それでは、私は_____大阪へ行きますよ。

3 **Let's meet at Haneda Airport at noon.**
羽田_____で正午に会いましょう。

4 **Which airline are you going to fly?**
どの_____にあなたは乗るつもりですか。

5 **Then I will take the ten o'clock a.m. flight to Osaka.**
それでは、大阪行き午前10時の_____に乗りますよ。

6 **My dream for the future is to be a pilot.**
私の将来の夢は_____になることです。

7 **My dream is to be a flight attendant.**
私の夢は_____になることです。

8 **"All the passengers should be on board."**
「(すべての)_____のみなさま、ご搭乗くださいませ。」〔アナウンス〕

9 **How much baggage can I take on the airplane with me?**
飛行機には私といっしょにいくつの_____を持ち込めますか。

10 **We finally went through the Customs at Narita Airport.**
私たちはやっと成田空港の_____を通過しましたよ。

解答
1 飛行機　**2** 飛行機で　**3** 空港［飛行場］　**4** 航空会社　**5** 便
6 パイロット　**7** 客室乗務員　**8** 乗客　**9** 手荷物　**10** 税関

Part5　街、国、自然、動植物に関する単語

39 「国」に関することば　CD-39

		意味	覚え方のコツ、使い方、発音
country	カンチュリィ [kʌ́ntri]	国 いなか	a large country＝ある広い国 the country＝（都会に対する）いなか
America	アメゥリカ [əmérikə]	アメリカ	アメリカ人は、Americaよりも the United States［ユナーィティドゥステーィツ］の方をよく使います。
Japan	ヂァペアンヌ [dʒəpǽn]	日本	語頭を小文字にすると、japan＝器（うるしぬりの器）。日本の名産品が、うるしぬりの器であったことから japan となった。
Australia	オースチュレーィリャ [ɔ:stréiljə]	オーストラリア	発音に注意してください。
China	チァーィナ [tʃáinə]	中国	語頭を小文字にすると、china＝陶磁器（とうじき）。磁器は中国で作られていたことから china となった。
Canada	キャナダ [kǽnədə]	カナダ	カナダでは、英語とフランス語が使われています。面積は日本の27倍あります。
Korea	コゥリーア [kərí:ə]	韓国 朝鮮	Korean［コゥリアンヌ］＝韓国語 North［ノーす］Korea＝北朝鮮 South［サーゥす］Korea＝韓国
France	フゥレアンス [frǽns]	フランス	French［フゥレンチ］＝フランス語 the French＝フランスの人々
Italy	イタリィ [ítəli]	イタリア	was made in Italy＝イタリア製です 「イタリア製です」となっていても英語では was を使うことが多いようです。
Germany	ヂァ～マニィ [dʒə́:rməni]	ドイツ	German［ヂァ～マンヌ］＝ドイツ語 a German＝ある1人のドイツ人

確認ドリル

　　　のところの英単語の意味を＿＿＿＿に書いてみましょう。

1 What **country** are you from?

あなたはどちらの＿＿＿＿のご出身ですか。

2 American English is spoken in **America**.

アメリカ英語は＿＿＿＿で話されています。

3 **Japan** is a beautiful country.

＿＿＿＿は美しい国です。

4 Have you ever been to **Australia**?

あなたは＿＿＿＿へ行ったことがありますか。

5 This chair was made in **China**.

このいすは＿＿＿＿製です。

6 English and French are used in **Canada**, aren't they?

英語とフランス語が＿＿＿＿で使われているのですね。

7 I've been to **South Korea** three times.

私は＿＿＿＿に3度行ったことがあります。

8 Where in **France** do you come from?

あなたは＿＿＿＿のどこのご出身ですか。

9 The capital of **Italy** is Rome, isn't it?

＿＿＿＿の首都はローマですね。

10 I hear Tony was born in **Germany**.

トニー君は＿＿＿＿生まれだそうです。

解答
1 国　**2** アメリカ　**3** 日本　**4** オーストラリア　**5** 中国
6 カナダ　**7** 韓国　**8** フランス　**9** イタリア　**10** ドイツ

Part5 街、国、自然、動植物に関する単語

40 「地域」に関することば　CD-40

		意味	覚え方のコツ、使い方、発音
area	エァゥリァ [éəriə]	地域 場所	a parking area＝駐車場 in this area＝この地域で
city	スィティ [síti]	市 都市	Sasayama City＝篠山市 a large city＝大都市
town	タゥンヌ [táun]	町〔街〕	自分が住んでいる町や今話をしている町を表すときは、a や the をつけません。
village	ヴィレッヂ [vílidʒ]	村	アメリカ英語では、国内の村のことは、village という言葉を使わず、他の国の小さな村のことを a little village のように言います。
farm	ファーム [fáːrm]	農場	work on the farm＝農場で働く work at the farm＝農場で一時的に働く
market	マーケットゥ [máːrkit]	市場	go to the market＝市場へ行く イギリス英語では the をつけません。
convenience store	カンヴィーニエン・ストーァァ [kənvíːniəns stɔːr]	コンビニエンスストア	[カンヴィニエンス]＋[ストァァ]のように[ス]が2つ続いているときは、前の「ス」を言わずに、2つめの[ス]を発音します。
park	パーク [páːrk]	公園	in the park＝公園で Ueno Park＝上野公園
store	ストーァァ [stɔ́ːr]	店	a book store＝ある本屋 a general store＝ある雑貨屋
shop	シァップ [ʃáp]	店	a flower shop＝ある花屋 特定の品物を専門に売っているところは、shop を使うことが多いようです。
restaurant	ゥレストゥラントゥ [réstərənt]	レストラン	もともとの意味は、「疲労をとるための場所」です。

確認ドリル

　　　　のところの英単語の意味を　　　　　に書いてみましょう。

1 **Is there a parking area near here?**
この近くに駐車　　　　　がありますか。

2 **Tokyo is a large city.**
東京は大　　　　　です。

3 **I do my shopping in town.**
私は　　　　　で買い物をします。

4 **I was born in a mountain village.**
私は山の中のある　　　　　で生まれました。

5 **I work on a farm in Kumamoto.**
私は熊本のある　　　　　で働いています。

6 **My wife is at the market.**
私の妻は　　　　　います。

7 **Is there a convenience store near here?**
　　　　　はこの近くにありますか。

8 **Have you ever been to Ueno Park?**
あなたは上野　　　　　へ行ったことはありますか。

9 **I'm running a book store.**
私は　　　　　を経営しています。

10 **I'm running a flower shop.**
私は　　　　　を経営しています。

11 **I'm running a French restaurant.**
私はフランス　　　　　を経営しています。

解答
1 場　　**2** 都市　　**3** 街　　**4** 村　　**5** 農場　　**6** 市場に
7 コンビニ　　**8** 公園　　**9** 本屋　　**10** 花屋　　**11** レストラン

Part5　街、国、自然、動植物に関する単語

41 「自然」に関することば（1） CD-41

		意味	覚え方のコツ、使い方、発音
weather	ウェざァァ [wéðər]	天気	It's nice weather. = We have nice weather. = 良い天気ですよ。
climate	クラーィメットゥ [kláimət]	気候	the climate of Japan = 日本の気候
wind	ウィンドゥ [wínd]	風	the north wind = 北風
rain	ウレーィンヌ [réin]	雨	It looks like rain. = 雨が降りそうです。
shower	シァーゥアァ [ʃáuər]	夕立	I was caught in a shower. = 私は夕立にあった。
snow	スノーゥ [snóu]	雪	a little snow = 少しの雪 little snow = 少ない雪
rainbow	ウレーィンボーゥ [réinbou]	虹	There is a rainbow. = 虹が出ていますよ。
ice	アーィス [áis]	氷	thin ice ［すィナーィス］= うすい氷 thick ice ［すィッカーィス］= あつい氷
sunrise	サンゥラーィズ [sánraiz]	日の出	sun（太陽）+ rise（のぼること）= 日の出
sunset	サンセットゥ [sánset]	日の入り 夕焼け	時刻を表している「日没」という意味のときはaをつけません。

確認ドリル

　　　　のところの英単語の意味を_____に書いてみましょう。

1 It's nice **weather**, isn't it?

良い_____ですね。

2 How do you like **the climate** of Japan?

日本の_____はいかがですか。

3 The north **wind** is blowing.

北_____が吹いています。

4 It looks like **rain**, doesn't it?

_____が降りそうですね。

5 I was caught in a **shower** on my way home.

私は家へ帰る途中に_____にあった。

6 We had little **snow** this winter, didn't we?

今年の冬は_____がほとんど降りませんでしたね。

7 There is a **rainbow** in the sky.

空に_____がかかっていますよ。

8 There is thin **ice** on the pond.

池にうすい_____がはっていますよ。

9 **Sunrise** is at four fifty.

_____は4時50分です。

10 What a beautiful **sunset**!

なんて美しい_____なんでしょう！

Part5　街、国、自然、動植物に関する単語

解答
1 天気　**2** 気候　**3** 風　**4** 雨　**5** 夕立　**6** 雪　**7** 虹　**8** 氷
9 日の出　**10** 日の入り［夕焼け］

42 「自然」に関することば (2)

		意味	覚え方のコツ、使い方、発音
nature	ネーィチァァ [néitʃər]	自然	nature in Japan ＝ 日本の自然
sky	スカーィ [skái]	空	the sky ＝ 空
star	スター [stáːr]	星	were born under a lucky star ＝ 幸運な星の下に生まれた
cloud	クラーゥドゥ [kláud]	雲	There are no clouds. ＝ 雲がまったくありません。
sun	サンヌ [sán]	太陽	the sun ＝ 太陽 世の中に1つしかないものには普通 the がつきます。
moon	ムーンヌ [múːn]	月	the moon ＝ 月　a full moon ＝ 満月 説明をしている単語と一緒に使うと a になることが多いようです。
earth	ア〜す [áːrθ]	地球	the earth ＝ 地球 on earth ＝ ①地球上に ②いったい
sea	スィー [síː]	海	the sea ＝ 海
ocean	オーゥシァンヌ [óuʃən]	大洋 海洋	the ocean ＝ 海洋［海］ the を［ずィ］と読んでください。
horizon	ホゥラーィズンヌ [həráizn]	水平線 地平線	the horizon ＝ 水平線［地平線］

確認ドリル

　　　　のところの英単語の意味を＿＿＿＿に書いてみましょう。

1 **Nature in Japan is beautiful, isn't it?**
日本の＿＿＿＿は美しいですね。

2 **The sky is cloudy.**
＿＿＿＿がくもっています。

3 **You were born under a lucky star, weren't you?**
あなたは幸運な＿＿＿＿の下に生まれたんだね。

4 **There are no clouds in the sky.**
空には＿＿＿＿がまったくありません。

5 **The sun is coming out.**
＿＿＿＿が出てきましたよ。

6 **It's a full moon tonight.**
今夜は満＿＿＿＿です。

7 **The earth moves around the sun.**
＿＿＿＿は太陽のまわりを回っています。

8 **I like swimming in the sea.**
私は＿＿＿＿で泳ぐのが好きです。

9 **Sharks live in warm parts of the ocean.**
サメは＿＿＿＿の暖かい地域に住んでいます。

10 **The sun is rising above the horizon.**
太陽が＿＿＿＿上に昇りかけていますよ。

解答
1 自然　**2** 空　**3** 星　**4** 雲　**5** 太陽　**6** 月　**7** 地球　**8** 海
9 海洋［海］　**10** 水平線

Part5　街、国、自然、動植物に関する単語

43 「自然」に関することば (3) CD-43

		意味	覚え方のコツ、使い方、発音
ground	グゥラーゥンドゥ [gráund]	地面	the ground＝地面
land	レァンドゥ [lǽnd]	土地	a piece of land＝一区画の土地
road	ゥローゥドゥ [róud]	道路 道	ある町から他の町へ通じている道を road と言います。
street	スチュリートゥ [strí:t]	道路 道	通りとその両側の歩道や建物までをふくめて street と言います。
mountain	マーゥンテンヌ [máuntin]	山	climb mountains ＝（いろいろな）山を登る mountain climbing [クラーィミン・]＝登山
forest	フォ(ー)ゥレストゥ [fɔ́(:)rist]	森林 山	山にくっついている森林を forest と言います。 a forest fire＝山火事
wood	ウォッドゥ [wúd]	木材	be made of wood＝木でできています
tree	チュリー [trí:]	木	a tree＝1本の木 trees＝2本以上の木
cherry	チェゥリィ [tʃéri]	サクランボ	like cherries＝サクランボが好きです
river	ゥリヴァァ [rívər]	川	in the nearby river＝近くの川で

確認ドリル

　　　のところの英単語の意味を＿＿＿＿に書いてみましょう。

1 **The ground is wet, isn't it?**

＿＿＿＿がぬれていますね。

2 **I bought a piece of land yesterday.**

私は昨日、一区画の＿＿＿＿を買いました。

3 **This road goes to Kyoto.**

この＿＿＿＿は京都に通じています。

4 **I met Mayumi on the street yesterday.**

私は昨日、真弓さんに＿＿＿＿で出会いました。

5 **I like to climb mountains.**

私は＿＿＿＿に登るのが好きです。

6 **There was a forest fire yesterday.**

昨日＿＿＿＿火事がありました。

7 **This chair is made of wood.**

このいすは＿＿＿＿でできています。

8 **There are trees around my house.**

私の家のまわりには＿＿＿＿があります。

9 **I like cherries very much.**

私は＿＿＿＿がとても好きです。

10 **Masakazu likes to fish in the nearby river.**

正和さんは近くの＿＿＿＿でつりをするのが好きです。

Part5　街、国、自然、動植物に関する単語

解答
1 地面　**2** 土地　**3** 道路　**4** 道　**5** 山　**6** 山　**7** 木　**8** 木
9 サクランボ　**10** 川

44 動物

		意味	覚え方のコツ、使い方、発音
lion	ラーィオンヌ [láiən]	ライオン	on で [アン] と読みます。ライオンは草原にいます。
tiger	ターィガァァ [táigər]	トラ	トラは森林にいます。
elephant	エレファントゥ [éləfənt]	ゾウ	ゾウはとてもかしこいので、a memory like an elephant ＝ゾウのような記憶力、という言い方があります。
monkey	マンキィ [máŋki]	サル	シッポがあるのが monkey、ないのが ape [エーィプ] と言います。
zebra	ズィーブゥラ [zí:brə]	シマウマ	ze[ズィー]＋bra[ブゥラ]＝zebra と覚えましょう。
koala	コーゥアーラ [kouá:lə]	コアラ	a のところを強く言います。
sheep	シープ [ʃí:p]	ヒツジ	a sheep＝ある1ぴきのヒツジ two sheep＝2ひきのヒツジ
camel	キャモー [kǽml]	ラクダ	a camel with two humps [ハンプス]＝2つのコブのある1頭のラクダ
kangaroo	キャンガゥルー [kæŋgərú:]	カンガルー	roo で [ゥルー] と読みます。roo のところを強く言います。
penguin	ペングウィンヌ [péŋgwin]	ペンギン	[ペンギン] ではなくて、[ペングウィンヌ] と発音します。

確認ドリル

　　　のところの英単語の意味を＿＿＿＿に書いてみましょう。

1 **Most lions live in groups.**

ほとんどの＿＿＿＿はむれになって住んでいます。

2 **Tigers live in many parts of Asia.**

＿＿＿＿はアジアのいろいろなところに住んでいます。

3 **Elephants eat leaves.**

＿＿＿＿は（木や草の）葉を食べます。

4 **I like monkeys.**

私は＿＿＿＿が好きです。

5 **Zebras are 4 to 5 feet tall.**

＿＿＿＿は約1m22cmから約1m52cmの背があります。

6 **Koalas live in Australia.**

＿＿＿＿はオーストラリアに住んでいます。

7 **There are hundreds of sheep on that hill.**

あの丘の上に数百頭の＿＿＿＿がいます。

8 **Arabian camels have one hump.**

アラビアン＿＿＿＿は、こぶが1つあります。

9 **Full-grown kangaroos can jump 8 meters.**

十分に成長した＿＿＿＿は8mとびはねることができます。

10 **Penguins eat fish.**

＿＿＿＿は魚を食べます。

解答
1 ライオン　**2** トラ　**3** ゾウ　**4** サル　**5** シマウマ　**6** コアラ
7 ヒツジ　**8** ラクダ　**9** カンガルー　**10** ペンギン

Part5　街、国、自然、動植物に関する単語

45 生き物

		意 味	覚え方のコツ、使い方、発音
creature	クゥリーチァァ [kríːtʃər]	生き物	all creatures = all living things ＝すべての生き物
frog	フゥローッグ [fróːg]	カエル	Frogs are croaking.［クゥローゥキン・］＝カエルが鳴いています。
fish	フィッシ [fíʃ]	魚	five fish＝同じ魚が5ひき five fishes＝5種類の魚
chicken	チキンヌ [tʃíkin]	ニワトリのひよこ ニワトリの肉	a chicken＝1わのニワトリのひよこ chicken＝ニワトリの肉
crane	クゥレーィンヌ [kréin]	ツル	a△eで［エーィ］と読みます。
rabbit	ウレァビットゥ [rǽbit]	飼いウサギ	a rabbit＝1わの（飼い）ウサギ a hare［ヘアァ］＝1わの野ウサギ
cow	カーゥ／キァーゥ [káu]	めすのウシ	milk this cow ＝このウシの乳をしぼる
horse	ホース [hɔ́ːrs]	ウマ	ride［ウラーィドゥ］a horse ＝ウマに乗る
dolphin	ドーオフィンヌ [dɔ́ːlfin]	イルカ	ph＝f［フ］と覚えておきましょう。
butterfly	バらァフラーィ [bʌ́tərflai]	チョウ	butter（バターのような排泄物を出す）＋fly（飛ぶ虫）＝チョウ

確認ドリル

　　　　のところの英単語の意味を_____に書いてみましょう。

1 I am kind to all creatures.
私はすべての_____をかわいがっています。

2 Frogs are croaking.
_____が鳴いています。

3 I caught five fish in the river.
私は川で5ひきの_____をつりました。

4 Which came first, the chicken or the egg?
_____かたまごか、どちらが先か。

5 Cranes have long legs and a long neck.
_____は長い脚と長い首をしています。

6 I ran like a rabbit.
私は_____のように逃げました。[私は一目散(いちもくさん)に逃げました。]

7 I milk this cow every day.
私は毎日この_____の乳をしぼります。

8 Can you ride a horse?
あなたは_____に乗れますか。

9 Dolphins swim in small groups.
_____は小さいむれで泳ぎます。

10 My hobby is collecting butterflies.
私の趣味は_____を収集することです。

解答
1 生き物　**2** カエル　**3** 魚　**4** ひよこ　**5** ツル
6 ウサギ　**7** ウシ　**8** ウマ　**9** イルカ　**10** チョウ

Part5　街、国、自然、動植物に関する単語

Part 6

形 容 詞

46 「感情」を表す形容詞　CD-46

		意味	覚え方のコツ、使い方、発音
happy	ヘァピィ [hǽpi]	うれしい	I'm so happy! = うれしい！
glad	グレァッドゥ [glǽd]	うれしい	glad は happy よりもていねいで、very happy と同じ意味を表すことができます。
nice	ナーィス [náis]	うれしい	It's nice to ～ . = ～するのがうれしい。
good	グッ・ [gúd]	うれしい	It's good to ～ . = ～するのがうれしい。
satisfied	セアティスファーイドゥ [sǽtisfaid]	満足して	be satisfied with ～ = ～で満足しています
ready	ウレディ [rédi]	よろこんで	I'm ready to ～ . = 私はよろこんで～します。
sad	セアッ・ [sǽd]	悲しい	It's sad to hear that. (それを聞いて悲しい。) のような言い方もあります。
afraid	アフゥレーイドゥ [əfréid]	こわがって	be afraid of ～ = ～がこわい
angry	エァングゥリィ [ǽngri]	怒って	Don't be so angry. = そんなに怒らないでよ。
sorry	ソーゥリィ [sɔ́:ri]	残念な	I'm sorry. = ①残念です。②ごめんなさい。

☆きちんと単語を覚えているか、次のドリルをやって確認しましょう。

確認ドリル

のところの英単語の意味を＿＿＿＿に書いてみましょう。

1 I'm **happy** to see you again.
　私はまたあなたに会えて＿＿＿＿ですよ。

2 I'm **glad** to see you again.
　私はまたあなたにお会いできて＿＿＿＿ですよ。

3 It's **nice** to see you again.
　またあなたに会えて＿＿＿＿ですよ。

4 It's **good** to see you again.
　またあなたに会えて＿＿＿＿ですよ。

5 I'm **satisfied** with my house.
　私は私の家に＿＿＿＿います。

6 I'm **ready** to help you.
　私は＿＿＿＿あなたのお手伝いをしますよ。

7 I'm **sad** to hear the news.
　私はそのニュースを聞いて＿＿＿＿ですよ。

8 I'm **afraid** of snakes.
　私はヘビが＿＿＿＿んですよ。

9 What are you so **angry** about?
　何をあなたはそんなに＿＿＿＿いるのですか。

10 I'm **sorry**, but I can't go today.
　＿＿＿＿ですが、私は今日は行けません。

解答
1 うれしい　　**2** うれしい　　**3** （大変）うれしい　　**4** うれしい
5 満足して　　**6** よろこんで　　**7** 悲しい　　**8** こわい　　**9** 怒って
10 残念

47「体調」を表す形容詞 CD-47

単語	発音	意味	覚え方のコツ、使い方、発音
great	グゥレーィトゥ [gréit]	とても元気な	eaで［エーィ］と読むことがたまにあります。
fantastic	フェァンテァスティック [fæntǽstik]	とても元気な	I'm fantastic. = I feel fantastic.
good	グッドゥ [gúd]	元気な	ooで［ウ］と読みます。
well	ウェオ [wél]	だいじょうぶ	wellを［ウェル］と発音しないで［ウェオ］と言うと英語らしく聞こえます。
fine	ファーィンヌ [fáin]	調子のよい	fineのnの音は［ンヌ］のように発音します。
all right	オーオゥラーィトゥ [ɔːlráit]	まあまあの	まあまあの = all right = OK = so-so
OK	オーゥケーィ [óukéi]	まあまあの	Kのところを強く発音する人もいます。
so-so	ソーゥ ソーゥ [sóusou]	まあまあの	1つめのsoをより強く発音します。
bad	ベァッドゥ [bǽd]	（具合が）悪い	badのdはほとんど聞こえません。
terrible	テゥリボー [térəbl]	ひどい	terrible = very bad と考えておくとよいでしょう。

確認ドリル

　　　のところの英単語の意味を_____に書いてみましょう。

1 "How are you doing?" "I'm great."
「お元気ですか。」「私は_____です。」

2 I'm fantastic.
私は_____です。

3 I'm good.
私は_____ですよ。

4 I'm well.
私は_____ですよ。

5 I'm fine.
私は_____ですよ。

6 I'm all right.
私は_____ですよ。

7 I'm OK.
私は_____ですよ。

8 I'm so-so.
私は_____ですよ。

9 I'm bad.
私は_____ですよ。

10 I'm terrible.
私は_____ですよ。

解答
1 とても元気　**2** とても元気　**3** 元気　**4** だいじょうぶ
5 調子いい　**6** まあまあ　**7** まあまあ　**8** まあまあ
9 (具合が) 悪い　**10** ひどい [とても悪い]

48 「天候」を表す形容詞　CD-48

		意味	覚え方のコツ、使い方、発音
hot	ハッ・ [hát]	暑い	It's a hot day, isn't it? ＝暑い日ですね。
cold	コーゥオドゥ [kóuld]	寒い	It's a cold day, isn't it? ＝寒い日ですね。
warm	ウォ〜ム [wɔ́ːrm]	暖かい	It's a warm day, isn't it? ＝暖かい日ですね。
cool	クーオ [kúːl]	すずしい	It's a cool day, isn't it? ＝すずしい日ですね。
rainy	ウレーィニィ [réini]	雨降りの	Tokyo is rainy. ＝ It's rainy in Tokyo. ＝東京は雨です。
snowy	スノーゥイ [snóui]	雪降りの	Nagano is snowy. ＝ It's snowy in Nagano. ＝長野は雪です。
cloudy	クラーゥディ [kláudi]	くもりの	It's a cloudy day, isn't it? ＝くもりの日ですね。
windy	ウィンディ [wíndi]	風の強い	It's a windy day, isn't it? ＝風の強い日ですね。
clear	クリァァ [klíər]	快晴の	It's clear out, isn't it? ＝外は快晴ですね。
sunny	サニィ [sʌ́ni]	日が照って、ぽかぽかした	It's sunny out, isn't it?＝外は日が照って、ぽかぽかしていますね。

確認ドリル

のところの英単語の意味を_____に書いてみましょう。

1 It's a hot day today, isn't it?
今日は_____日ですね。

2 It's a cold day, isn't it?
_____日ですね。

3 It's a warm day, isn't it?
_____日ですね。

4 It's a cool day, isn't it?
_____日ですね。

5 It's rainy in Osaka.
大阪は_____です。

6 It's snowy in Nagano.
長野は_____です。

7 It's a cloudy day today, isn't it?
今日は_____日ですね。

8 It's a windy day today, isn't it?
今日は_____日ですね。

9 It's clear out, isn't it?
外は_____ですね。

10 It's sunny out, isn't it?
外は_____いますね。

解答
1 暑い **2** 寒い **3** 暖かい **4** すずしい **5** 雨 **6** 雪
7 くもりの **8** 風の強い **9** 快晴 **10** 日が照って、ぽかぽかして

49 ペアで覚えたい形容詞 (1) CD-49

		意味	覚え方のコツ、使い方、発音
easy	イーズィ [íːzi]	簡単な	It's easy for me to ～ . =～するのは私にとって簡単です。
hard	ハードゥ [háːrd]	むずかしい	It's hard for me to ～ . =～するのは私にとってむずかしい。
simple	スィンポー [símpl]	簡単な	simpleには「単純な」という意味もあります。
difficult	ディフィカオトゥ [dífikəlt]	むずかしい	Tony is difficult. =トニー君は気むずかしい。
hard	ハードゥ [háːrd]	かたい	ar [ɑːr] は、大きい口で[アー]と発音します。
soft	ソーフトゥ [sɔ́ːft]	やわらかい	Saya has soft skin. =さやさんはすべすべの肌をしています。
good	グッ・ [gúd]	（体に）よいおいしい	This is good. =これはおいしいですよ。
bad	ベアッ・ [bǽd]	（体に）悪いくさって	This is bad. =これはくさっています。
happy	ヘァピィ [hǽpi]	うれしいしあわせな	Aren't you happy, Miki? =みき、落ち込んでいるの？
sad	セァッドゥ [sǽd]	悲しい残念な	It's sad to leave you. =あなたとお別れするのは残念です。

確認ドリル

のところの英単語の意味を＿＿＿＿に書いてみましょう。

1 It's **easy** for me to swim.
泳ぐことは私にとって＿＿＿＿ですよ。

2 It's **hard** for me to ski.
スキーをするのは私にとって＿＿＿＿んですよ。

3 This is a **simple** job.
これは＿＿＿＿仕事です。

4 This is a **difficult** problem.
これは＿＿＿＿問題です。

5 This banana is still **hard**.
このバナナはまだ＿＿＿＿。

6 This bed is too **soft** for me.
このベッドは私には＿＿＿＿すぎますよ。

7 Milk is **good** for you.
ミルクはあなたの体に＿＿＿＿ですよ。

8 Smoking is **bad** for you.
たばこを吸うのはあなたの体に＿＿＿＿ですよ。

9 I'm **happy** to see you again.
またあなたに会えて私は＿＿＿＿ですよ。

10 Don't be **sad**.
＿＿＿＿ないで。

解答
1 簡単　**2** むずかしい　**3** 簡単な　**4** むずかしい　**5** かたい
6 やわらか　**7** よい　**8** 悪い　**9** うれしい　**10** 悲しま

Part6　形容詞

50 ペアで覚えたい形容詞（2）

CD-50

		意味	覚え方のコツ、使い方、発音
strong	スチュロ(ー)ン・[stró(:)ŋ]	（体や力が）強い 濃い	strong coffee＝濃いコーヒー
weak	ウィーク [wí:k]	（体や力が）弱い うすい	weak coffee＝うすいコーヒー
free	フゥリー [frí:]	ひまな	free time＝自由な時間
busy	ビズィ [bízi]	いそがしい	The line is busy. ＝電話は話し中です。
near	ニアァ [níər]	近い	near to A＝Aから近い
far	ファー [fá:r]	遠い	far from A＝Aから遠い
right	ウラーイトゥ [ráit]	（道徳的に）正しい （意見などが）正しい	igh で［アーィ］と読みます。
wrong	ウローン・[ró:ŋ]	（道徳的に）悪い （判断が）間違っている	［ウ］と言うつもりで、［ローン・］と発音します。
same	セーィム [séim]	同じ	a△e で［エーィ］と読みます。
different	ディファゥレントゥ [dífərənt]	違った 変わった	Tony is different. ＝トニー君は変わっています。

確認ドリル

　　　　のところの英単語の意味を＿＿＿＿に書いてみましょう。

1 **I have strong arms.**

私は＿＿＿＿腕をしています。

2 **Judy is weak.**

ジュディーさんは＿＿＿＿。

3 **Are you free now?**

あなたは今＿＿＿＿ですか。

4 **I'm busy studying.**

私は勉強で＿＿＿＿のです。

5 **My house is near to Sasayama Castle.**

私の家は篠山城から＿＿＿＿ですよ。

6 **Saya's house is far from Sasayama Castle.**

さやさんの家は篠山城から＿＿＿＿ですよ。

7 **You are right.**

あなたは＿＿＿＿ですよ。

8 **You are wrong.**

あなたは＿＿＿＿いますよ。

9 **Saori and I are in the same class.**

さおりさんと私は＿＿＿＿クラスです。

10 **Saya and I stayed at a different hotel.**

さやさんと私は＿＿＿＿ホテルにとまりました。

解答
1 強い　　**2** 体が弱い　　**3** ひま　　**4** いそがしい　　**5** 近い
6 遠い　　**7** 正しい　　**8** 間違って　　**9** 同じ　　**10** 違った［別の］

Part6 形容詞

51 ペアで覚えたい形容詞(3)　　CD-51

		意味	覚え方のコツ、使い方、発音
poor	プァァ／ ポァァ [púər]	貧乏な	発音記号の [u] の音は、ウとオの間の音なので、[ポァァ] と聞こえることがあります。
rich	ウリッチ [rítʃ]	金持ちの	rich は「昔からずっと金持ちだ」ではなく、「今、金持ちである」という意味です。
black	ブレァック [blǽk]	黒い	[æ] の音は、エの口でアと発音してください。
white	ワーィトゥ [wáit]	白い	i△eで [アーィ] と読みます。
busy	ビズィ [bízi]	いそがしい 使われて	The line was busy. ＝電話は話し中だった。
free	フゥリー [fríː]	ひまな あいて	Is this seat free? ＝この席はあいていますか。
quiet	クワーィエットゥ [kwáiət]	静かな	Be quiet. ＝静かにしなさい。
noisy	ノーィズィ [nɔ́izi]	さわがしい	Don't be noisy. ＝やかましくするな。
dark	ダーク [dάːrk]	暗い	get dark ＝暗くなる be dark ＝暗い
light	ラーィトゥ [láit]	明るい	get light ＝明るくなる be light ＝明るい

確認ドリル

　　　　のところの英単語の意味を　　　　　に書いてみましょう。

1 **Tony was poor when he was young.**

トニーさんは若いときは　　　　　だった。

2 **Tony is rich.**

トニーさんは　　　　　です。

3 **I saw a black cat yesterday.**

私は昨日　　　　　ネコを見ました。

4 **I have seen a white crow.**

私は　　　　　カラスを見たことがありますよ。

5 **Are you busy now?**

あなたは今、　　　　　ですか。

6 **I'm free now.**

私は今、　　　　　ですよ。

7 **Would you please be quiet?**

　　　　　していただけますか。

8 **I don't like noisy places.**

私は　　　　　場所は好きではありません。

9 **It's getting dark outside.**

外は　　　　　なってきましたよ。

10 **It's still light outside.**

外はまだ　　　　　ですよ。

解答
1 貧乏　　**2** 金持ち　　**3** 黒い　　**4** 白い　　**5** いそがしい　　**6** ひま
7 静かに　　**8** さわがしい　　**9** 暗く　　**10** 明るい

52 使い方を間違えやすい形容詞（1）

CD-52

		意味	覚え方のコツ、使い方、発音
early	ア～ゥリィ [ə́ːrli]	早い	「時間的に早い」という意味です。
fast	フェアストゥ [fǽst]	速い	「スピードが速い」という意味です。
late	レーィトゥ [léit]	おそい	「時間的におそい」という意味です。
slow	スローゥ [slóu]	おそい	「スピードがおそい」という意味です。
full	フォ [fúl]	いっぱいの	be full of ～ = ～でいっぱいです
filled	フィオドゥ [fíld]	いっぱいの	be filled with ～ = ～でいっぱいです
fine	ファーィンヌ [fáin]	晴れの	イギリスの地域によっては「雨が降っていない」という意味もあります。
nice	ナーィス [náis]	晴れの	It's a fine day. は、アメリカではほとんど使われません。
tall	トーォ [tɔ́ːl]	背が高い	a tall building は、下から見上げて「高いビル」と言っています。
high	ハーィ [hái]	高い	a high building は、屋上から見て「高いビル」と言っています。

確認ドリル

□□のところの英単語の意味を＿＿＿＿に書いてみましょう。

1 **Let's have an early lunch.**

＿＿＿＿昼食をとりましょう。

2 **Tony is a fast runner.**

トニー君は＿＿＿＿ランナーです。〔走るのが速い。〕

3 **You are late in coming, aren't you?**

あなたは来るのが＿＿＿＿ですね。

4 **Judy is a slow runner.**

ジュディーさんは＿＿＿＿ランナーです。〔走るのがおそい。〕

5 **This box is full of books.**

この箱は本で＿＿＿＿ですよ。

6 **This box is filled with books.**

この箱は本で＿＿＿＿ですよ。

7 **It's a fine day today.**〔イギリス英語〕

今日は、＿＿＿＿天気ですね。

8 **It's a nice day today.**〔アメリカ英語〕

今日は、＿＿＿＿天気ですね。

9 **This is a tall building, isn't it?**

これは＿＿＿＿ビルですね。〔下から見上げて〕

10 **This is a high building, isn't it?**

これは＿＿＿＿ビルですね。〔屋上から見て〕

Part6　形容詞

解答
1 早い　**2** 速い　**3** おそい　**4** おそい　**5** いっぱい
6 いっぱい　**7** 良い　**8** 良い　**9** 背が高い　**10** 高い

53 使い方を間違えやすい形容詞 (2) CD-53

		意味	覚え方のコツ、使い方、発音
interested	インタゥレスティッドゥ [íntəristid]	興味がある	interested は「興味を与えられている」という意味です。
interesting	インタゥレスティン・ [íntəristiŋ]	おもしろい	interesting は「興味を与えている」という意味です。
excited	エクサーィティッドゥ [iksáitid]	興奮して	excited は「興奮させられている」という意味です。
exciting	エクサーィティン・ [iksáitiŋ]	興奮させる	exciting は「興奮を与えている」という意味です。
surprised	サァプゥラーィズドゥ [sərpráizd]	驚いて	surprised は「驚きを与えられている」という意味です。
surprising	サァプゥラーィズィン・ [sərpráiziŋ]	驚くべき	surprising は「驚きを与えている」という意味です。
dying	ダーィイン・ [dáiiŋ]	死にかけて	die［ダーィ］（死ぬ）という動詞の ing 形です。
dead	デッドゥ [déd]	死んで	This plant is dead. ＝この植木はかれています。
alive	アラーィヴ [əláiv]	生きて	「be + alive」のパターンでしか使えません。
living	リヴィン・ [líviŋ]	生きている	「living + 名詞」のパターンで使う単語です。

確認ドリル

　　のところの英単語の意味を_____に書いてみましょう。

1 I'm **interested** in Japan.

私は日本に_____。

2 Japan is **interesting** to me.

日本は私にとって_____のです。

3 I'm very **excited** about my trip.

私は私の旅行のことで、とても_____います。

4 My trip is very **exciting** to me.

私の旅行が私にとても_____。

5 I'm **surprised** at the news.

私はそのニュースに_____います。

6 The news is **surprising** to me.

そのニュースは私にとって_____ことです。

7 That dog is **dying**.

あのイヌは_____います。

8 That dog is **dead**.

あのイヌは_____います。

9 That dog is still **alive**.

あのイヌはまだ_____います。

10 I am nice to all **living** things.

私はすべての_____物をかわいがっています。

Part6 形容詞

解答
1 興味があります　**2** おもしろい　**3** 興奮して
4 興奮させます　**5** 驚いて　**6** 驚くべき　**7** 死にかけて
8 死んで　**9** 生きて　**10** 生きている

54 使い方を間違えやすい形容詞(3)   CD-54

		意味	覚え方のコツ、使い方、発音
all	オーオ [ɔ́ːl]	すべての	all buses = すべてのバス all the buses = そこにあるすべてのバス
every	エヴゥリィ [évri]	どの	every bus は、(一台一台のバスのことにふれながら) すべてのバス
each	イーチ [íːtʃ]	それぞれの	each bus は、(一台一台のバスについてふれて) それぞれのバス
too	トゥー／チュー [túː]	〜も	「私も」となっていると、I と too を強く読みます。
also	オーオソーゥ [ɔ́ːlsou]	〜も	also は、am の次に置きます。
either	イーざァ [íːðər]	〜も	either は、too や also のかわりに否定文で使います。
other	アざァ [ʌ́ðər]	他の	any other boy = 他のどの少年
else	エオス [éls]	他の	anything else = 他のどんな物
another	アナざァ [ənʌ́ðər]	他の 別の	another bag = 他の [別の] かばん
different	ディファゥレントゥ [dífərənt]	別の	another bag = a different bag = 別のかばん

確認ドリル

　　　　のところの英単語の意味を＿＿＿に書いてみましょう。

1 **All the buses here go to Osaka Station.**

ここに止まっている＿＿＿バスは大阪駅に行きます。

2 **Every bus here goes to Osaka Station.**

ここに止まっている＿＿＿バスも大阪駅に行きます。

3 **Each bus here goes to Osaka Station.**

ここに止まっている＿＿＿バスは大阪駅に行きます。

4 **I am a teacher, too.**

私＿＿＿先生です。

5 **I am also a teacher.**

私＿＿＿先生です。

6 **Miho isn't a teacher and Mayumi isn't a teacher, either.**

実穂さんは先生ではありません、そして真弓さん＿先生ではありません。

7 **Tony is taller than any other boy in his class.**

トニー君は彼のクラスの中の＿＿＿どの少年よりも背が高い。

8 **Health is more important than anything else.**

健康は＿＿＿どんな物よりも大切です。

9 **Please show me another bag.**

私に＿＿＿かばんを見せてください。

10 **Please show me a different bag.**

私に＿＿＿かばんを見せてください。

解答
1 すべての　**2** どの　**3** それぞれの　**4** も　**5** も　**6** も
7 他の　**8** 他の　**9** 別の［他の］　**10** 別の

55 使い方を間違えやすい形容詞 (4)　CD-55

		意味	覚え方のコツ、使い方、発音
kind	カーィンドゥ [káind]	親切な	親しくない人に対して使います。
nice	ナーィス [náis]	親切な	親しい人に対して使います。
pretty	プゥリティ [príti]	かわいい	ただ単に、かわいい。
beautiful	ビューりィフォー [bjú:təfl]	美しい	肉体的に成熟したという意味もふくまれます。
large	ラーヂ [lá:rdʒ]	大きい	だれが見ても大きいと思うときに使います。
big	ビッグ [bíg]	大きい	大きいという感情が入った言い方です。
little	リトー／リろー [lítl]	小さい	小さくて、かわいいという感情が入った言い方です。
small	スモーオ [smɔ́:l]	小さい	だれが見ても小さいときの言い方です。
good	グッドゥ [gúd]	おいしい よい	be good for ～ = ～は体によい
delicious	デリシァス [dilíʃəs]	とてもおいしい	very delicious と言う人もいますが、本来は正しくありません。

確認ドリル

　　　　のところの英単語の意味を＿＿＿＿に書いてみましょう。

1 **Our English teacher is kind.**

私たちの英語の先生は＿＿＿＿です。

2 **Tony is nice.**

トニー君は＿＿＿＿ですよ。

3 **That girl is pretty, isn't she?**

あの少女は＿＿＿＿ですね。

4 **That English teacher is beautiful, isn't she?**

あの英語の先生は＿＿＿＿ですね。

5 **Give me a large coke.**

私に＿＿＿＿コーラをください。

6 **Your house is big, isn't it?**

あなたの家は＿＿＿＿ですね。

7 **Sawako is little.**

紗和子さんは＿＿＿＿＿＿＿＿ですよ。

8 **Sawako is small.**

紗和子さんは＿＿＿＿＿＿＿＿ですよ。

9 **This is good.**

これは＿＿＿＿ですよ。

10 **This is delicious.**

これは＿＿＿＿＿＿＿＿ですよ。

解答
1 親切　　**2** 親切　　**3** かわいい　　**4** 美しい　　**5** 大きい［Lサイズの］
6 大きい　　**7** 小さくてかわいい　　**8** 小さい　　**9** おいしい
10 とてもおいしい

Part6　形容詞

56 単語の一部が同じ発音の形容詞

CD-56

		意味	覚え方のコツ、使い方、発音
special	スペショー [spéʃl]	特別な	be special to A ＝Aにとって特別な
national	ネァショノー [nǽʃənl]	国立の 国の	a national flag＝国旗
international	インタネァショノー [intərnǽʃənl]	国際的な	go international＝国際化する
wonderful	ワンダァフォー [wʌ́ndərfl]	すばらしい	wonder（驚き）＋ful（いっぱい） ＝すばらしい
useful	ユースフォー [júːsfl]	役に立つ	use（使い道）＋ful（いっぱいの） ＝役に立つ
helpful	ヘプフォー [hélpfl]	役に立つ	help（助け）＋ful（いっぱいの） ＝役に立つ
famous	フェーイマス [féiməs]	有名な	fame（名声）のeを消して、＋ous （いっぱいの）＝有名な
dangerous	デーインヂァゥラス [déindʒərəs]	危険な	danger（危険）＋ous（いっぱいの）＝危険な
enough	イナーフ [inʌ́f]	十分な	ou で［ʌ／ア］のところが少しのびるときがあります。
young	ヤン・ [jʌ́ŋ]	若い	ou で［ア］と読みます。 stay young＝若いままでいる

確認ドリル

　　　　のところの英単語の意味を＿＿＿＿に書いてみましょう。

1 **You are special to me.**

あなたは私にとっては＿＿＿＿なんですよ。

2 **I go to a national university.**

私はある＿＿＿＿大学に通っています。

3 **Japan is going international, isn't it?**

日本は＿＿＿＿＿＿＿＿ありますね。

4 **Wonderful weather today, isn't it?**

今日は＿＿＿＿天気ですね。

5 **Is your English useful?**

あなたの英語は＿＿＿＿ますか。

6 **This book is helpful to you.**

この本はあなたに＿＿＿＿ますよ。

7 **I want to be famous.**

私は＿＿＿＿たいですよ。

8 **This area is dangerous.**

この地域は＿＿＿＿ですよ。

9 **Do you have enough money to buy this bike with?**

あなたはこの自転車を買うだけの＿＿＿＿お金を持っていますか。

10 **I want to stay young for good.**

私はいつまでも＿＿＿＿ままでいたいのです。

解答
1 特別　　**2** 国立の　　**3** 国際化しつつ　　**4** すばらしい　　**5** 役に立ち
6 役に立ち　　**7** 有名になり　　**8** 危険　　**9** 十分な　　**10** 若い

Part 7

副詞、前置詞、接続詞、不定代名詞

57 「場所、方向」を表す副詞　CD-57

		意味	覚え方のコツ、使い方、発音
here	ヒアァ [híər]	ここへ ここで ここに	come to Tokyo＝東京へ来る come here＝ここへ来る
there	ゼアァ [ðéər]	そこへ そこで そこに	go to Tokyo＝東京へ行く go there＝そこへ行く
over here	オーゥヴァァ ヒアァ [ouvər híər]	こちらへ	overだけでも「こちらへ」という 意味もあります。
over there	オーゥヴァァ ゼアァ [ouvər ðéər]	あそこに	in there＝中のそこで out there＝外のそこで down there＝下のそこで up there＝上のそこで
everywhere	エヴゥリィウェアァ [évriweər]	どこにでも	everywhere＝anywhere ＝どこにでも［どこでも］
anywhere	エニィウェアァ [éniweər]	どこでも どこにも	Don't stop anywhere. ＝どこにも寄らないでね。
in	インヌ [ín]	中に	Tony isn't in. ＝トニー君は家にはいません。
out	アーゥトゥ [áut]	外へ 外に	Tony is out. ＝トニー君は出かけています。
straight	スチュレーィトゥ [stréit]	まっすぐに	Come straight home. ＝まっすぐに家に帰って来なさい よ。

☆きちんと単語を覚えているか、次のドリルをやって確認しましょう。

確認ドリル

のところの英単語の意味を_____に書いてみましょう。

1 Shall we eat here?
_____食べましょうか。

2 Then I will be right there.
それじゃ、私はすぐに_____行きますよ。

3 Can you come over here?
_____来てくれない？

4 Can you see a fire over there?
_____火事が見えますか。

5 I go everywhere in my car.
私は私の車で_____行きます。

6 You can buy this book anywhere in Japan.
あなたは日本の_____この本が買えますよ。

7 My father isn't in today.
私の父は今日は_____。

8 My father is out today.
私の父は今日は_____。

9 Go straight home.
_____家に帰りなさいよ。

Part7 副詞、前置詞、接続詞、不定代名詞

解答
1 ここで　　**2** そこへ　　**3** こちらへ　　**4** あそこに　　**5** どこにでも
6 どこでも　　**7** 家にはいません　　**8** 外出しています　　**9** まっすぐ（に）

58 「場所、時」を表す副詞　CD-58

		意味	覚え方のコツ、使い方、発音
upstairs	アプステアァズ [ápstéərz]	上の階に 2階に	live upstairs =上の階[2階]に住んでいます
downstairs	ダーウンステアァズ [dáunstéərz]	下の階に 1階に	live downstairs =下の階[1階]に住んでいます
home	ホーゥム [hóum]	家に	stay home＝家にいます come home＝帰宅します
downtown	ダーウンターゥンヌ [dáuntáun]	街に 街の中心部に	downtown を「下町に」と間違えないようにしてください。
overseas	オーゥヴァァスィーズ [ouvərsí:z]	海外に	overseas＝abroad ＝海外に、海外へ、海外で
abroad	アブゥロードゥ [əbrɔ́:d]	海外で 海外に 海外へ	study abroad＝海外で勉強する＝留学する　a（へ）+broad（広い）＝海外[に、へ、で]
here	ヒアァ [híər]	ここに	live here＝ここに住んでいます
there	ゼアァ [ðéər]	そこに	stay there＝そこにいます
where	ウェアァ [wéər]	どこに	ときどき、前置詞が英文の最後にくることもあります。このようなときは、Where は名詞のはたらきをしています。 Where do you come from? ＝あなたはどこのご出身ですか。
when	ウェンヌ [wén]	いつ	when（いつ）とたずねたら、at night（夜に）のように答えることから、「前置詞＋名詞＝副詞」であることがわかります。

確認ドリル

　　　のところの英単語の意味を_____に書いてみましょう。

1 **I live upstairs.**

私は_____住んでいます。

2 **My parents live downstairs.**

私の両親は_____住んでいます。

3 **I stay home every Sunday.**

毎週日曜日は、私は_____います。

4 **Shall we go shopping downtown?**

_____買い物に行きませんか。

5 **I like going overseas.**

私は_____行くのが好きです。

6 **I want to study abroad.**

私は_____勉強したい。

7 **I live here.**

私は_____住んでいます。

8 **Stay there.**

_____いなさいよ。

9 **Where do you live?**

_____あなたはお住みですか。

10 **When do you study?**

_____あなたは勉強するのですか。

解答
1 上の階に［2階に］　**2** 下の階に［1階に］　**3** 家に　**4** 街へ
5 海外に　**6** 海外で　**7** ここに　**8** そこに　**9** どこに　**10** いつ

Part7　副詞、前置詞、接続詞、不定代名詞

59 「方向」を表す副詞　　CD-59

		意味	覚え方のコツ、使い方、発音
up	アップ [áp]	上に	Stand up. = 立って。 「up して、stand して」という意味です。
down	ダーゥンヌ [dáun]	下に	Sit down. = すわって。 「down して、sit して」という意味です。
right	ウラーゥトゥ [ráit]	右に	Turn right. = 右に曲がってください。
left	レフトゥ [léft]	左に	Turn left. = 左に曲がってください。
north	ノーす [nɔ́ːrθ]	北に	walk north = 北に歩く
south	サーゥす [sáuθ]	南に	look south = 南の方を見る
east	イーストゥ [íːst]	東に	face[フェーィス] east = 東に面しています
west	ウェストゥ [wést]	西に	how far west = どれぐらい西に

確認ドリル

_____の英単語の意味を_____に書いてみましょう。

1 **Please stand up.**

お_____ください。

2 **Please sit down.**

お_____ください。

3 **Turn right at the first corner.**

最初の角を_____曲がってください。

4 **Turn left at the second corner.**

2番目の角を_____曲がってください。

5 **Walk north from Osaka Station.**

大阪駅から_____歩いてください。

6 **Look south from Tokyo Tower.**

東京タワーから_____を見てください。

7 **Our house faces east.**

私たちの家は_____面しています。

8 **How far west should I go from Osaka Station?**

大阪駅からどれぐらい_____行けばよいのですか。

解答
1 立ち　**2** すわり　**3** 右に　**4** 左に　**5** 北の方に　**6** 南の方
7 東に　**8** 西に

60 「頻度、回数」を表す副詞　CD-60

単語	発音	意味	覚え方のコツ、使い方、発音
always	オーオウェーイズ [ɔ́:lweiz]	いつも いつでも	not を置く位置に always を置くことができます。
usually	ユージュアリィ [júːʒuəli]	普通は	not を置く位置に、usually を置くことができます。
often	オ(ー)フンヌ [ɔ́(:)fn]	しばしば よく	often の t を発音する人もいます。
sometimes	サムターィムズ [sʌ́mtaimz]	ときどき	some（いくらかの）+ times（回数）＝ときどき
ever	エヴァァ [évər]	ときどき	現在時制の疑問文では sometimes のかわりに ever を使います。
never	ネヴァァ [névər]	決して〜ない	not ever = never = 決して〜ない
once	ワンス [wʌ́ns]	1度 1回	one time = once = 1 度［1 回］
twice	トゥワーィス [twáis]	2度 2回	two times = twice = 2 度［2 回］
three times	すゥリー ターィムズ [θríː táimz]	3度 3回	2 回以上を表すときは、〜times のパターンを使ってください。
many times	メニィ ターィムズ [méni táimz]	何度も 何回も	many（たくさんの）+ times（回数）＝何度も［何回も］

確認ドリル

のところの英単語の意味を_____に書いてみましょう。

1 I **always** eat breakfast.

私は_____朝食をとります。

2 My younger brother **usually** eats breakfast.

私の弟は_____朝食をとります。

3 My older brother **often** eats breakfast.

私の兄は_____朝食をとります。

4 My father **sometimes** eats out.

私の父は_____外食します。

5 Does your father **ever** eat out?

あなたのお父さんは_____外食しますか。

6 My father **never** eats out.

私の父は外食は_____。

7 My father eats out **once** a week.

私の父は1週間に_____外食します。

8 My mother eats out **twice** a month.

私の母は、ひと月に_____外食します。

9 I eat out **three times** a week.

私は1週間に_____外食します。

10 I have been to Tokyo **many times**.

私は_____東京へ行ったことがあります。

解答
1 いつも　　**2** 普通は　　**3** よく［しばしば］　　**4** ときどき
5 ときどき　　**6** 決してしません　　**7** 1度［1回］　　**8** 2度［2回］
9 3度［3回］　　**10** 何度も［何回も］

Part7　副詞、前置詞、接続詞、不定代名詞

61 使い方を間違えやすい前置詞（1） CD-61

		意味	覚え方のコツ、使い方、発音
at	アッ・ [ət]	～に	begin at nine o'clock ＝9時に始まる
in	インヌ [in]	～に	begin in spring ＝春に始まる
on	アンヌ／オンヌ [ɑn]	～に	begin on Monday ＝月曜日に始まる
by	バーィ [bai]	～までに	by noon ＝正午までに
before	ビフォーァ [bifɔ́:r]	～の前に	before noon ＝正午前に
till	ティオ [til]	～まで	till noon ＝正午まで
in	インヌ [in]	～で ～したら	in two hours ＝2時間で［したら］ 未来のことを表すときに使います。
within	ウィずインヌ [wiðín]	～以内に	within two hours ＝2時間以内に
after	エァフタァ [ǽftər]	～たってから	after two hours ＝2時間たってから 過去時制といっしょに使います。
after	エァフタァ [ǽftər]	～以後なら	after two o'clock ＝2時以後なら

確認ドリル

　　　のところの英単語の意味を＿＿＿＿に書いてみましょう。

1 School begins **at** nine o'clock.
学校は9時＿＿＿＿始まります。

2 School begins **in** spring.
学校は春＿＿＿＿始まります。

3 School begins **on** Monday.
学校は月曜日＿＿＿＿始まります。

4 Then I will be back **by** noon.
それでは、私は正午＿＿＿＿戻りますよ。

5 Then I will be back **before** noon.
それでは、私は正午＿＿＿＿に戻りますよ。

6 Then I will wait for you **till** noon.
それでは、私は正午＿＿＿＿あなたを待っていますよ。

7 Then I will be back **in** two hours.
それでは、私は2時間＿＿＿＿戻りますよ。

8 Then I will be back **within** two hours.
それでは、私は2時間＿＿＿＿戻りますよ。

9 My father came back **after** two hours.
私の父は2時間＿＿＿＿帰ってきました。

10 I will be free **after** two o'clock.
私は2時＿＿＿＿ひまですよ。

解答
1 に［から］　**2** に［から］　**3** に［から］　**4** までに　**5** 前に
6 まで　**7** で［したら］　**8** 以内に　**9** たってから　**10** 以後なら

Part7　副詞、前置詞、接続詞、不定代名詞

62 使い方を間違えやすい前置詞（2） CD-62

		意 味	覚え方のコツ、使い方、発音
from	フゥラム [frəm]	～から	from yesterday till today ＝昨日から今日まで
since	スィンス [sins]	～から今まで	since yesterday＝昨日から今まで
for	ファ [fər]	～の間	for three days＝3日間
during	デュアリン・ [djúəriŋ]	～の間中	during (the) summer vacation ＝夏休み中
for	フォーア [fɔ́ːr]	～に賛成して	I am for your plan. ＝私はあなたの計画に賛成です。 この場合はforを強く読みます。
against	アゲンストゥ [əgénst]	～に反対して	Are you for or against my plan? ＝あなたは私の計画に賛成ですか、それとも反対ですか。
with	ウィず [wið]	～で ～を使って	with money ＝お金で［を使って］
without	ウィーざーゥ・ [wiðáut]	～をなしで ～をしないで	I can't live without you.＝私はあなたなしでは生きられません。 without studying＝勉強しないで
on	アンヌ／オンヌ [ɑn]	～の上に	on the wall＝かべ（の上）に 何かにくっついているときは、onを使うことができます。
over	オーゥヴァ [óuvər]	～の真上に	over my head＝私の頭の真上に

確認ドリル

　　　　のところの英単語の意味を_____に書いてみましょう。

1 I have been busy **from** yesterday till today.

私は昨日_____今日までずっといそがしいのです。

2 I have been busy **since** yesterday.

私は昨日_____ずっといそがしくしています。

3 I have been busy **for** three days.

私は3日_____ずっといそがしくしています。

4 I stayed at Tony's house **during** (the) summer vacation.

私は夏休み_____トニー君の家にいました。

5 I am **for** your plan.

私はあなたの計画_____です。

6 I am **against** your plan.

私はあなたの計画_____です。

7 You can't buy happiness **with** money.

あなたはお金_____しあわせを買うことはできませんよ。

8 You can't pass the test **without** studying.

あなたは勉強_____その試験に合格することはできないよ。

9 There is a light **on** the wall.

かべ_____ライトがありますよ。

10 The light **over** my head is broken.

私の頭の_____ライトは壊れています。

解答
1 から　**2** から今まで　**3** 間　**4** 中　**5** に賛成　**6** に反対
7 で［を使って］　**8** しないで　**9** に［の上に］　**10** 真上の

Part7　副詞、前置詞、接続詞、不定代名詞

63 比較しながら覚える前置詞

CD-63

		意味	覚え方のコツ、使い方、発音
across	アクゥロ(ー)ス [əkrɔ́(:)s]	(〜を)横切って	go across A = A を横切る
along	ァロ(ー)ン・ [əlɔ́(:)ŋ]	(〜に)そって	walk along A = A にそって歩く
around	アゥラーゥンドゥ [əráund]	(〜の)まわりに	run around A = A のまわりを走る
through	すゥルー [θrúː]	(〜を)通って	go through A = A を通って行く
over	オーゥヴァァ [óuvər]	(〜の)真上に	fly over A = A の真上を飛ぶ
under	アンダァ [ʌ́ndər]	(〜の)下に	sit under A = A の下にすわる
between	ビトゥウィーンュ [bitwíːn]	(2つの物の)間に	between seven and nine = 7時と9時の間に 場面によっては「7と9の間に」 という意味のこともあります。
among	アマン・ [əmʌ́ŋ]	(3つ以上の物の)間に	among the trees = 木々の間に
in	インュ [in]	(〜の)中に	in A = A の中に

確認ドリル

　　　のところの英単語の意味を＿＿＿＿に書いてみましょう。

1 **Let's go across the street.**

通り＿＿＿＿ましょう。

2 **Let's walk along the street.**

通り＿＿＿＿歩きましょう。

3 **Let's run around the track three times.**

トラック＿＿＿＿を３周走りましょう。

4 **Let's go through the field.**

野原＿＿＿＿行きましょう。

5 **A UFO was flying over my head.**

一機のUFOが私の頭＿＿＿＿を飛んでいきました。

6 **There is a man sitting under that tree.**

あの木＿＿＿＿ある男の人がすわっています。

7 **Please call me up between seven and nine.**

７時と９時＿＿＿＿私に電話をかけてください。

8 **Our school stands among the trees.**

私たちの学校は木々＿＿＿＿建っています。

9 **There are thirty oranges in this box.**

この箱＿＿＿＿30個のオレンジが入っています。

Part7　副詞、前置詞、接続詞、不定代名詞

解答

1 を横切り　**2** にそって　**3** のまわり　**4** を通って　**5** の真上
6 の下に　**7** の間に　**8** の間に　**9** の中に

64 比較しながら覚える接続詞

CD-64

		意味	覚え方のコツ、使い方、発音
and	アン・ [ən(d)]	そして	(1) 文章 and 文章、(2) 単語 and 単語、(3) 動詞 and 動詞、(4) 主語 and 主語、のように使います。
but	バットゥ [bʌt]	しかし	文章，but 文章、の使い方が多いです。
or	オーァ [ɔ́ːr]	それとも	A or B = A それとも B
after	エァフタァ [ǽftər]	～が～したあとで	after I eat dinner = 私が夕食を食べてから
before	ビフォーァ [bifɔ́ːr]	～が～する前に	before I study = 私が勉強する前に
because	ビコーズ [bikɔ́ːz]	なぜならば ～なので	because I am happy = 私はうれしいので
as	アズ [əz]	～なので	as I am happy = 私はうれしいので
so	ソーゥ [sou]	だから	I am happy, so I am crying. = 私はうれしい、だから私は泣いています。
if	イフ [if]	もし～なら	if you are happy = もしあなたがしあわせなら
when	ウェンヌ [wen]	～が～なときに ～が～したら	when you are happy = あなたがしあわせなとき when you get there = あなたがそこに着いたら

確認ドリル

　　　のところの英単語の意味を＿＿＿に書いてみましょう。

1 I play the piano **and** you play the flute.

私がピアノをひいて＿＿＿＿あなたがフルートを吹きます。

2 I can play the piano, **but** I can't play the flute.

私はピアノをひくことができます＿＿＿＿私はフルートを吹けません。

3 Is this pen yours **or** mine?

このペンはあなたのものですか＿＿＿＿私のものですか。

4 I study **after** I eat dinner.

私は夕食をとって＿＿＿＿勉強します。

5 I eat dinner **before** I study.

私は勉強する＿＿＿＿夕食をとります。

6 I am crying **because** I am happy.

私はうれしい＿＿＿＿泣いているんですよ。

7 **As** I am happy, I am crying.

私はうれしい＿＿＿＿、私は泣いているんですよ。

8 I am happy, **so** I am crying.

私はうれしい、＿＿＿＿私は泣いているんですよ。

9 **If** you are happy, I am happy.

＿＿＿＿あなたがしあわせ＿＿＿＿、私はしあわせです。

10 **When** you are happy, I am happy.

あなたがしあわせな＿＿＿＿、私はしあわせです。

解答
1 そして　**2** が［しかし］　**3** それとも　**4** から　**5** 前に
6 ので　**7** ので　**8** だから　**9** もし、なら　**10** とき

Part7　副詞、前置詞、接続詞、不定代名詞

65 some と any から始まる不定代名詞　CD-65

		意味	覚え方のコツ、使い方、発音
someone	サムワンヌ [sámwʌn]	だれか	some（ある）+ one（人）= だれか someone は上品な言い方と覚えておくとよいです。
somebody	サムバディ [sámbadi]	だれか	somebody は someone よりも話しことばではよく使われます。
something	サムすィン・ [sámθiŋ]	何か	肯定文（普通の文）で使うことが多いです。
sometime	サムターィム [sámtaim]	いつか	some（ある）+ time（とき）= いつか some（いくつかの）+ times（回数）= sometimes（ときどき）
someday	サムデーィ [sámdèi]	いつか	未来における「いつか」が someday と sometime です。
anybody	エニィバディ [énibadi]	だれか だれでも	アメリカでは、anyone より anybody の方がよく使われます。
anyone	エニィワンヌ [éniwʌn]	だれか だれでも	関係代名詞の who が一緒に使われるときは anyone がよく使われます。
anything	エニィすィン・ [éniθiŋ]	何か	疑問文と一緒に使います。yes を期待しているときは、anything のかわりに something を使うこともあります。
anything	エニィすィン・ [éniθiŋ]	何でも	肯定文（普通の文）と一緒に使います。
anyway	エニィウェーィ [éniwei]	ともかく やっぱり	I'm tired, but I will study anyway. = 私はつかれています。でも、やっぱり私は勉強します。

確認ドリル

のところの英単語の意味を＿＿＿＿に書いてみましょう。

1 **There is someone at the door.**
玄関に＿＿＿＿がいらっしゃっていますよ。

2 **There is somebody at the door.**
玄関に＿＿＿＿が来ていますよ。

3 **There is something charming about Ms. Yamaguchi.**
山口さんは＿＿＿＿チャーミングなところがあります。

4 **I'd like to see you sometime.**
（できれば）＿＿＿＿私はあなたにお会いしたい。

5 **I'd like to see you someday.**
（できれば）＿＿＿＿私はあなたにお会いしたい。

6 **Do you have anybody in mind?**
あなたは＿＿＿＿心あたりはありませんか。

7 **Do you have anyone in mind?**
あなたは＿＿＿＿心あたりはございませんか。

8 **Do you have anything to say?**
あなたは＿＿＿＿言いたいことはありませんか。

9 **You can do anything while you are still young.**
あなたがまだ若い間は、あなたは＿＿＿＿できますよ。

10 **Anyway I will call you.**
＿＿＿＿私はあなたに電話をかけますよ。

Part 7　副詞、前置詞、接続詞、不定代名詞

解答
1 だれか［どなたか］　**2** だれか　**3** どこか［何か］　**4** いつか
5 いつか　**6** だれか　**7** だれか［どなたか］　**8** 何か　**9** 何でも
10 ともかく

Part 8

一緒に覚えると便利な単語(1)

66 数えられない名詞

CD-66

		意味	覚え方のコツ、使い方、発音
juice	ヂュース [dʒúːs]	ジュース	a glass[グレァス] of juice ＝コップ1ぱいのジュース
water	ウォータァ／ウォーラァ [wɔ́ːtər]	水	a glass of water ＝コップ1ぱいの水
milk	ミォク [mílk]	ミルク	a glass of milk ＝コップ1ぱいのミルク
tea	ティー [tíː]	紅茶	a cup[カップ] of tea ＝カップ1ぱいの紅茶 (例) Sorry, ～ isn't my cup of tea. ＝すみません、～は私の好みではありません。 会話でよく使われる慣用表現です。
coffee	コ(ー)フィ [kɔ́(ː)fi]	コーヒー	a cup of coffee ＝カップ1ぱいのコーヒー
news	ニューズ [njúːz]	ニュース 知らせ	a piece[ピース] of news ＝1つのニュース
advice	アドゥヴァーイス [ədváis]	アドバイス	a piece of advice ＝1つのアドバイス
paper	ペーイパァ [péipər]	紙	a piece of paper＝1枚の紙
work	ワ～ク [wɔ́ːrk]	仕事	I have a lot of work to do.＝私はする仕事がたくさんあります。
homework	ホーゥムワ～ク [hóumwəːrk]	宿題	I have a lot of homework to do.＝私はする宿題がたくさんあります。

☆きちんと単語を覚えているか、次のドリルをやって確認しましょう。

確認ドリル

　　　のところの英単語の意味を_____に書いてみましょう。

1 I want a glass of **juice**.

　私は_____を1ぱいほしいのです。

2 Please give me some **water**.

　私に_____を少しください。

3 Won't you have some **milk**?

　_____を少しお飲みになりませんか。

4 I'd like a cup of **tea**.

　私は_____を1ぱいいただきたいのですが。

5 **Coffee**, please.

　_____をお願いします。

6 I have good **news** for you.

　私はあなたに良い_____があるのですよ。

7 Please give me a piece of good **advice**.

　私に良い_____をひとつしてください。

8 I want three pieces of **paper**.

　私は_____が3枚欲しいのです。

9 I have a lot of **work** to do today.

　私は今日、する_____がたくさんあります。

10 I have to do a lot of **homework** today.

　私は今日はたくさんの_____をしなければならないのです。

解答
1 ジュース　**2** 水　**3** ミルク　**4** 紅茶　**5** コーヒー
6 ニュース[知らせ]　**7** アドバイス　**8** 紙　**9** 仕事　**10** 宿題

Part8　一緒に覚えると便利な単語(1)

67 短縮形のある名詞

		意味	覚え方のコツ、使い方、発音
television	テレヴィジョンヌ [télәviʒәn]	テレビ	watch television = テレビを見る
TV	ティーヴィー [tíːvíː]	テレビ	I saw a movie on TV. = 私はある映画をテレビで見ました。
telephone	テレフォーウンヌ [téləfoun]	電話	The telephone is ringing. = 電話が鳴っていますよ。
phone	フォーウンヌ [fóun]	電話	Can I use this phone? = この電話を借りてもいい？
bicycle	バーイスィコー [báisәkl]	自転車	by bicycle = 自転車で
bike	バーイク [báik]	自転車	話し言葉では bike を使います。
mathematics	メァすィメァティックス [mæθəmætiks]	数学	I like mathematics. = 私は数学が好きです。
math	メァす [mæθ]	数学	話し言葉では math を使います。
mountain	マーウンテンヌ [máuntin]	山	climb [クラーィム] a mountain = ある山に登る
Mt.	マーウントゥ [máunt]	山	Mt. Fuji = 富士山

確認ドリル

　　　のところの英単語の意味を_____に書いてみましょう。

1 I like to watch **television**.
　私は_____を見るのが好きです。

2 I saw a movie on **TV** yesterday.
　私は昨日ある映画を_____で見ました。

3 The **telephone** is ringing.
　_____が鳴っていますよ。

4 Can I use this **phone**?
　この_____を借りてもいい？

5 I go to school **by bicycle**.
　私は_____学校へ行きます。

6 What a cool **bike** this is!
　これはなんとかっこいい_____なの！

7 I like **mathematics**.
　私は_____が好きです。

8 I don't like **math** very much.
　私はあまり_____が好きではありません。

9 Shall we climb that **mountain** tomorrow?
　明日あの_____に登りませんか。

10 I can't see **Mt.** Fuji clearly.
　私は富士_____がはっきり見えません。

解答
1 テレビ　**2** テレビ　**3** 電話　**4** 電話　**5** 自転車で　**6** 自転車
7 数学　**8** 数学　**9** 山　**10** 山

68 「色」を表す名詞と形容詞　CD-68

		意味	覚え方のコツ、使い方、発音
black	ブレアック [blǽk]	黒 黒い	be in black＝黒い服を着ています
white	ワーィトゥ [wáit]	白 白い	be in white＝白い服を着ています
red	ウレッドゥ [réd]	赤 赤い	be in the red＝赤字です
blue	ブルー [blú:]	青 青い	be wearing blue ＝青い服を着ています
brown	ブゥラーゥンヌ [bráun]	茶 茶色の	always wear brown ＝いつも茶色の服を着ています
gray	グゥレーィ [gréi]	灰色 灰色の	ay で［エーィ］と読みます。
green	グゥリーンヌ [grí:n]	緑 緑の	be covered［カヴァァドゥ］with green ＝緑でおおわれています
silver	スィオヴァァ [sílvər]	銀色、銀 銀色の	be made of silver ＝銀でできています
gold	ゴーゥオドゥ [góuld]	金色 金	gold だけは、形容詞は、golden［ゴーゥオデンヌ］になります。
yellow	いェローゥ [jélou]	黄色 黄色の	turn［タ〜ンヌ］yellow＝黄色にかわる「turn＋形容詞」または「turn to＋名詞」で使えます。

確認ドリル

　　　　のところの英単語の意味を＿＿＿＿に書いてみましょう。

1 That man is **in black**.

あの男の人は＿＿＿＿＿＿＿＿＿＿います。

2 That lady is **in white**.

あの女の人は＿＿＿＿＿＿＿＿＿＿います。

3 Our company isn't **in the red**.

私たちの会社は＿＿＿＿＿＿ではありません。

4 That boy is wearing **blue**.

あの少年は＿＿＿＿＿＿を着ています。

5 I like this **brown** bag.

私はこの＿＿＿＿＿＿かばんが好きです。

6 I don't like **gray**.

私は＿＿＿＿＿＿は好きではありません。

7 That hill is covered with **green**.

あの丘は＿＿＿＿＿＿でおおわれています。

8 Saya's ring is made of **silver**.

さやさんの指輪は＿＿＿＿＿＿でできています。

9 This spoon is made of **gold**.

このスプーンは＿＿＿＿＿＿でできています。

10 Leaves are turning **yellow**.

葉っぱは＿＿＿＿＿＿なりかけています。

解答
1 黒い服を着て　**2** 白い服を着て　**3** 赤字　**4** 青い服　**5** 茶色の
6 灰色　**7** 緑　**8** 銀　**9** 金　**10** 黄色に

Part8　一緒に覚えると便利な単語(1)

69 「国籍、言語」を表す名詞と形容詞　CD-69

		意味	覚え方のコツ、使い方、発音
Japanese	ヂェアパニーズ [dʒæpəníːz]	日本の、日本人の、日本語、日本人	I am a Japanese. よりも I am Japanese. の方が一般的です。a Japanese boy のように使うときは Ja を強く言います。
Chinese	チャーィニーズ [tʃainíːz]	中国の、中国人の、中国語、中国人	a Chinese boy のように使うときは Chi を強く言います。
French	フゥレンチ [fréntʃ]	フランスの、フランス人の、フランス語、フランス人	speak French = フランス語を話す
Italian	イテァリァンヌ [itǽliən]	イタリアの、イタリア人の、イタリア語、イタリア人	speak Italian = イタリア語を話す
German	ヂャ～マンヌ [dʒə́ːrmən]	ドイツの、ドイツ人の、ドイツ語、ドイツ人	I am German. = 私はドイツ人です。speak German = ドイツ語を話す
Spanish	スペァニッシュ [spǽniʃ]	スペインの、スペイン人の、スペイン語、スペイン人	I am Spanish. = 私はスペイン人です。この場合は a がないので形容詞で使われています。
Australian	オ(ー)スチュレーィリャンヌ [ɔ(ː)stréiljən]	オーストラリアの、オーストラリア人の、オーストラリア人	Australian English = オーストラリアの英語
Canadian	カネーィディアンヌ [kənéidiən]	カナダの、カナダ人の、カナダ人	Canadian English = カナダの英語
American	アメゥリカンヌ [əmérikən]	アメリカの、アメリカ人の、アメリカ人	American English = アメリカの英語
British	ブゥリティッシュ [brítiʃ]	イギリスの、イギリス人の、イギリス人	British English = イギリスの英語

確認ドリル

　　　　のところの英単語の意味を＿＿＿＿に書いてみましょう。

1 I speak Japanese.

　私は＿＿＿＿を話します。

2 I speak Chinese.

　私は＿＿＿＿を話します。

3 I speak French.

　私は＿＿＿＿を話します。

4 I speak Italian.

　私は＿＿＿＿を話します。

5 I speak German.

　私は＿＿＿＿を話します。

6 I am Spanish.

　私は＿＿＿＿です。

7 I am Australian.

　私は＿＿＿＿＿＿＿＿＿です。

8 I am Canadian.

　私は＿＿＿＿です。

9 I am American.

　私は＿＿＿＿です。

10 I am British.

　私は＿＿＿＿です。

解答
1 日本語　**2** 中国語　**3** フランス語　**4** イタリア語　**5** ドイツ語
6 スペイン人　**7** オーストラリア人　**8** カナダ人　**9** アメリカ人
10 イギリス人

Part8　一緒に覚えると便利な単語(1)

70 「動作」を表す動詞と「人」を表す名詞(1) CD-70

		意味	覚え方のコツ、使い方、発音
run	ウランヌ [rán]	走る	un で［アンヌ］と読みます。
runner	ウラナァ [ránər]	走り手 ランナー	run のように、ア、イ、ウ、エ、オが1つだけのときは最後の文字(n)を重ねて er をつけます。
swim	スウィム [swím]	泳ぐ	swim well = じょうずに泳ぐ
swimmer	スウィマァ [swímər]	泳ぎ手 スイマー	swim well = be a good swimmer
write	ウラーィトゥ [ráit]	文章を書く 書ける	write well = 文章をじょうずに書く This pen writes well. ＝このペンはよく書ける。
writer	ウラーィタァ [ráitər]	書き手 ライター	write well = be a good writer
eat	イートゥ [íːt]	食べる	eat a lot = たくさん食べる eat a little = 少し食べる
eater	イータァ [íːtər]	食べる人	be a good eater ＝食欲おうせいです
drink	ジュリンク [drínk]	酒を飲む	I don't drink or smoke.［スモーゥク］ ＝私は酒もたばこも飲みません。
drinker	ジュリンカァ [drínkər]	酒を飲む人 酒飲み	be a heavy［ヘヴィ］drinker ＝大酒飲みです

確認ドリル

　　　のところの英単語の意味を_____に書いてみましょう。

1 Tony runs fast.
トニー君は速く_____。

2 Tony is a fast runner.
トニー君は速い_____です。

3 Miho swims well.
実穂さんはじょうずに_____。

4 Miho is a good swimmer.
実穂さんはじょうずな_____です。

5 Ms. Hori writes well.
堀さんはじょうずに_____。

6 Ms. Hori is a good writer.
堀さんはじょうずな_____です。

7 My son Tony eats a lot.
私のむすこのトニーはたくさん_____。

8 My son Tony is a good eater.
私のむすこのトニーは_____。

9 I don't smoke or drink.
私はたばこも_____も_____ません。

10 I am not a heavy drinker.
私は大_____ではありません。

解答
1 走る　**2** 走り手［ランナー］　**3** 泳ぐ　**4** 泳ぎ手［スイマー］
5 文章を書く　**6** 書き手［ライター］　**7** 食べる
8 食欲おうせいです　**9** 酒、やり　**10** 酒飲み

Part8　一緒に覚えると便利な単語(1)

71 「動作」を表す動詞と「人」を表す名詞(2)　CD-71

		意味	覚え方のコツ、使い方、発音
lead	リードゥ [líːd]	(〜を)リードする (〜の)トップを走る	lead the world ＝世界をリードする
leader	リーダァ [líːdər]	リーダー	be the leader of the world ＝世界のリーダーです
make	メーィク [méik]	(〜を)作る	make watches［ワッチィズ］ ＝時計を作る
maker	メーィカァ [méikər]	(〜を)作る人 メーカー	a watchmaker ＝ある時計メーカー
begin	ビギンヌ／ビゲンヌ [bigín]	(〜を)始める	begin to learn English ＝英語を学び始める
beginner	ビギナァ [bigínər]	初心者 ビギナー	be a beginner in English ＝英語の初心者です
read	ゥリードゥ [ríːd]	(本を)読む 読める	read fast＝速く本を読む
reader	ゥリーダァ [ríːdər]	読者 読書家	be a fast reader ＝本を読むのが速い人です
listen	リスンヌ [lísn]	聴く	listen to AFN ＝AFN（米軍放送）を聴く
listener	リスナァ [lísnər]	聴く人 リスナー	be a listener to AFN ＝AFNのリスナーです

確認ドリル

　　　のところの英単語の意味を＿＿＿＿に書いてみましょう。

1 **America is leading the world.**

アメリカは世界を＿＿＿＿います。

2 **America is the leader of the world.**

アメリカは世界の＿＿＿＿です。

3 **Seiko makes watches.**

セイコーは時計＿＿＿＿。

4 **Seiko is a watchmaker.**

セイコーはある＿＿＿＿です。

5 **Starting this year, I am going to begin learning English.**

今年から私は英語を学び＿＿＿＿つもりです。

6 **I am a beginner in English.**

私は英語の＿＿＿＿です。

7 **Saya reads fast.**

さやさんは速く＿＿＿＿＿＿。

8 **Saya is a fast reader.**

さやさんは＿＿＿＿＿＿です。

9 **I listen to AFN every day.**

私は毎日、AFN（米軍放送）を＿＿＿＿＿＿。

10 **I am a listener to AFN.**

私はAFNの＿＿＿＿です。

解答
1 リードして　　**2** リーダー　　**3** を作っています　　**4** 時計メーカー
5 始める　　**6** 初心者　　**7** 本を読みます
8 本を読むのが速い人［速読家］　　**9** 聴いています　　**10** リスナー［聴取者］

72 動詞と -ing で終わる名詞（1） CD-72

		意味	覚え方のコツ、使い方、発音
mean	ミーンヌ [míːn]	(〜を)意味する	What does this word mean? ＝この単語はどういう意味ですか。
meaning	ミーニン・ [míːniŋ]	意味	What's the meaning of this word? ＝ What does this word mean?
meet	ミートゥ [míːt]	(〜に)出会う	meet は「はじめて出会う」という意味でよく使います。
meeting	ミーティン・ [míːtiŋ]	会うこと 会議	meeting は「2人以上の人が集まること」がもとの意味です。
park	パーク [páːrk]	(〜を)駐車させる 駐車する	park my car ＝ 私の車を駐車させる park ＝ 駐車する
parking	パーキン・ [páːrkiŋ]	駐車すること 駐車場所	No parking. ＝ 駐車禁止。
paint	ペーィントゥ [péint]	絵の具で絵を描く	paint ＝ 絵の具で絵を描く draw［ジュロー］＝ 線で絵を描く
painting	ペーィンティン・ [péintiŋ]	絵の具で絵を描くこと	a painting ＝ 絵の具で描いた1枚の絵 a drawing ＝ 線で描いた1枚の絵
fish	フィッシ [fíʃ]	魚をつる	go to the river to fish ＝ 魚をつるために川に行く
fishing	フィッシン・ [fíʃiŋ]	魚つり フィッシング	go fishing in the river ＝ 川へ魚つりに行く

確認ドリル

　　　　のところの英単語の意味を＿＿＿＿に書いてみましょう。

1 **What does this word mean?**

この単語はどういう＿＿＿＿か。

2 **What's the meaning of this word?**

この単語の＿＿＿＿は何ですか。

3 **I'm glad to meet you.**

私はあなたに＿＿＿＿できて（大変）うれしいです。

4 **Our meeting begins at two p.m.**

私たちの＿＿＿＿は午後２時に始まります。

5 **Where do you think I can park?**

あなたはどこに私が＿＿＿＿ことができると思いますか。

6 **No parking.** ［掲示］

＿＿＿＿。

7 **Miki paints in her free time.**

みきちゃんは彼女のひまなときに＿＿＿＿。

8 **There is a painting on the wall.**

かべには＿＿＿＿がかかっています。

9 **Masakazu often goes to the nearby river to fish.**

正和さんはよく＿＿＿＿ために近くの川に行きます。

10 **Masakazu often goes fishing in the nearby river.**

正和さんはよく近くの川へ＿＿＿＿。

解答
1 意味です　**2** 意味　**3** お会い　**4** 会議　**5** 駐車する
6 駐車禁止　**7** 絵の具で絵を描きます　**8** 絵の具で描いた１枚の絵
9 魚つりをする　**10** 魚つりに行きます

Part8 一緒に覚えると便利な単語(1)

73 動詞と -ing で終わる名詞（2） CD-73

		意味	覚え方のコツ、使い方、発音
train	チュレーィンヌ [tʃréin]	（〜を）訓練する	train dogs ＝イヌを訓練する be well trained ＝よく訓練されています
training	チュレーィニン・ [tʃréiniŋ]	訓練 トレーニング	this pair of training shoes ＝このトレーニングシューズを1足
shop	シァップ [ʃáp]	買い物をする	Let's go to Tokyo to shop. ＝東京へ買い物に行きましょう。
shopping	シァッピン・ [ʃápiŋ]	買い物	do some shopping ＝少し買い物をする go shopping in Tokyo ＝東京へ買い物に行く
cross	クゥロ(ー)ス [kró(ː)s]	（〜を）横切る	cross the street ＝通りを横切る
crossing	クゥロ(ー)スィン・ [kró(ː)siŋ]	踏切	go over the crossing ＝踏切を渡る
understand	アンダァステァン・ [ʌndərstǽnd]	（〜を）理解する わかる	Now I understand. ＝やっと私はわかりました。
understanding	アンダァステァンディン・ [ʌndərstǽndiŋ]	理解	That's my understanding. ＝そう私は理解しています。
feel	フィーオ [fíːl]	（〜を）感じる	I feel cold. ＝私は寒く感じます。
feeling	フィーリン・ [fíːliŋ]	気持ち	true feelings ＝本当の気持ち

確認ドリル

　　　　のところの英単語の意味を＿＿＿＿に書いてみましょう。

1 **This dog is well trained.**
このイヌはよく＿＿＿＿います。

2 **I want this pair of training shoes.**
私はこの＿＿＿＿シューズが１足ほしい。

3 **Let's shop at this supermarket.**
このスーパーで＿＿＿＿しょう。

4 **Then I will go to town to do some shopping.**
それでは、私は＿＿＿＿に街へ行きます。

5 **Let's cross the street while the green light is on.**
青信号の間に通り＿＿＿＿ましょう。

6 **Let's go over the (railroad) crossing now.**
今＿＿＿＿を渡りましょう。

7 **Now I understand.**
やっと私は＿＿＿＿。

8 **That's my understanding.**
それが私の＿＿＿＿です。［そう私は＿＿＿＿しています。］

9 **I feel cold.**
私は寒く＿＿＿＿。

10 **Tell me your true feelings.**
あなたの本当の＿＿＿＿を私に教えてよ。

解答
1 訓練されて　**2** トレーニング　**3** 買い物をしま　**4** 少し買い物をし
5 を横切り　**6** 踏切　**7** わかりました　**8** 理解　**9** 感じます
10 気持ち

Part8　一緒に覚えると便利な単語(1)

74 動詞と -tion、-sion で終わる名詞　CD-74

　　　　　　　　　　　　　　　　　意 味　　　　覚え方のコツ、使い方、発音

単語	発音	意味	覚え方のコツ、使い方、発音
act	エァクトゥ [ækt]	行動する	act as a group［グゥループ］ ＝グループで行動する
action	エァクションヌ [ækʃən]	行動	a person of action＝行動的な人
collect	コレクトゥ [kəlékt]	（〜を）収集する （〜を）集める	to collect these books ＝これらの本を集めること
collection	コレクションヌ [kəlékʃən]	収集	the collection of these books ＝これらの本の収集
imagine	イメァヂンヌ [imǽdʒin]	（〜を）想像する	Can you imagine!（↘）＝想像できるかい、本当だよ。　can を強く言って、最後を下げます。
imagination	イメァヂネーイションヌ [imædʒənéiʃən]	想像 想像力	have a rich imagination ＝想像力に富んでいます
express	エクスプゥレス [iksprés]	（〜を）表現する	express herself ＝彼女の考えを表現する
expression	エクスプゥレッションヌ [ikspréʃən]	表現 表情	have a happy expression ＝うれしそうな表情をしています
discuss	ディスカス [diskʌ́s]	（〜について）話し合う	discuss how to study ＝勉強の仕方について話し合う
discussion	ディスカッションヌ [diskʌ́ʃən]	話し合い	have a discussion on 〜 ＝discuss 〜

確認ドリル

　　　のところの英単語の意味を_____に書いてみましょう。

1 Let's **act** as a group.
　グループで_____しょう。

2 Ms. Hori is a person of **action**.
　堀さんは_____的な人です。

3 It took thirty years to **collect** these books.
　これらの本を_____のに30年かかりました。

4 The **collection** of these books took thirty years.
　これらの本の_____に30年かかりました。

5 Can you **imagine**! (↘)
　_____かい、本当ですよ！

6 Mr. Kaoru Wada has a rich **imagination**.
　和田薫さんは豊富な_____があります。

7 Mayumi can **express herself** in English.
　真弓さんは、英語で_____ことができます。

8 You have a happy **expression**, don't you?
　あなたはうれしそうな_____をしていますね。

9 Let's **discuss** how to study.
　勉強の仕方_____ましょう。

10 Let's **have a discussion** on how to study.
　勉強の仕方について_____ましょう。

解答
1 行動しま　　**2** 行動　　**3** 収集する　　**4** 収集　　**5** 想像できる
6 想像力　　**7** 自分の考えを表現する　　**8** 表情　　**9** について話し合い
10 話し合い

Part8 一緒に覚えると便利な単語(1)

75 ほとんど同じ意味を表す動詞と名詞　CD-75

		意味	覚え方のコツ、使い方、発音
move	ムーヴ [múːv]	動く (～を)動かす	move quickly＝すばやく動く move this desk＝この机を動かす
movement	ムーヴメントゥ [múːvmənt]	動作 動き	have a quick movement ＝すばやい動作をしている
pay	ペーィ [péi]	(～を)支払う	pay down one million yen ＝100万円の頭金を支払う
payment	ペーィメントゥ [péimənt]	支払い	make a down payment of one million yen ＝100万円の頭金を支払う
excite	エクサーィトゥ [iksáit]	興奮させる	excite yourself ＝あなた自身を興奮させる ＝興奮する
excitement	エクサーィトゥメントゥ [iksáitmənt]	興奮	too much excitement ＝あまりにもひどい興奮 ＝興奮しすぎ
know	ノーゥ [nóu]	(～を)知っている	have never known war ＝戦争を知りません
knowledge	ナリッヂ [nálidʒ]	知識 よく知っていること	have no knowledge of war ＝戦争を知りません
marry	メァゥリィ [mæri]	(～と)結婚する	be married to～ ＝～と結婚しています get married to＝～と結婚する
marriage	メァゥリッヂ [mæridʒ]	結婚 結婚式	our marriage (ceremony) ＝私たちの結婚(式)

確認ドリル

　　のところの英単語の意味を_____に書いてみましょう。

1 You **move** quickly, don't you?

あなたは_____のがすばやいね。

2 You have a quick **movement**, don't you?

あなたはすばやい_____をしていますね。

3 Then I will **pay down** one million yen.

それでは、私は100万円の_____。

4 Then I will make **a down payment** of one million yen.

それでは、私は100万円の_____を支払います。

5 Don't **excite yourself**. It's bad for you.

あなたは_____はいけない。あなたの体に悪いよ。

6 Too much **excitement** isn't good for you.

_____はあなたの体によくないよ。

7 I **have never known** war.

私は戦争_____。

8 I **have no knowledge of** war.

私は戦争_____。

9 We **got married** in a shrine.

私たちはある神社で_____。

10 Our **marriage ceremony** was in a shrine.

私たちの_____はある神社でした。

解答
1 動く　　**2** 動作［動き］　　**3** 頭金を支払います　　**4** 頭金
5 興奮して　　**6** 興奮しすぎ　　**7** を知りません　　**8** を知りません
9 結婚した　　**10** 結婚式

76 動詞と名詞の一部分が異なる単語　CD-76

		意味	覚え方のコツ、使い方、発音
save	セーィヴ [séiv]	(～を)救う	save you from the scandal =そのスキャンダルからあなたを救う
safety	セーィフティ [séifti]	安全 無事	Remember! Safety first. 忘れちゃいけないよ！ 安全第一ですよ。
advise	アドゥヴァーイズ [ədváiz]	(～に)助言する (～に)忠告する アドバイスする	advise + A + to～ =Aに～するように助言[忠告、アドバイス]する
advice	アドゥヴァーイス [ədváis]	助言 忠告 アドバイス	ask you for your advice =あなたにあなたのアドバイスを聞く
sit	スィッ・ [sít]	すわる	Please sit down. =どうぞすわってください。
seat	スィートゥ [síːt]	席	Have a seat, please. (↗) =どうぞおすわりください。
sing	スィン・ [síŋ]	(～を)歌う	Let's all sing together. =みんなで声をそろえて歌いましょう。
song	ソーン・ [sɔ́ːŋ]	歌	How does this song go? =この歌の出だしはどうでしたか。
discover	ディスカヴァァ [diskʌ́vər]	(～を)発見する	America was discovered. =アメリカは発見されました。
discovery	ディスカヴァゥリィ [diskʌ́v(ə)ri]	発見	the discovery of America =アメリカの発見

確認ドリル

　　　のところの英単語の意味を＿＿＿＿に書いてみましょう。

1 **I will do anything to save you from the scandal.**
私はそのスキャンダルからあなたを＿＿＿＿ためなら、なんでもしますよ。

2 **Remember! Safety first.**
忘れちゃいけないよ！＿＿＿＿第一ですよ。

3 **I advised Tony to study for three hours every day.**
私はトニー君に毎日３時間勉強するように＿＿＿＿＿＿＿＿。

4 **I'd like to ask you for your advice.**
私はあなたにあなたの＿＿＿＿を聞きたいのです。

5 **Please sit down.**
どうぞ＿＿＿＿ください。

6 **Have a seat, please.**（↗）
どうぞ＿＿＿＿ください。

7 **Let's all sing together.**
みんなで声をそろえて＿＿＿＿ましょう。

8 **How does this song go?**
この＿＿＿＿の出だしはどうでしたか。

9 **America was discovered in 1492.**
アメリカは 1492 年に＿＿＿＿＿＿＿＿。

10 **The discovery of America was in 1492.**
＿＿＿＿は 1492 年でした。

解答
1 救う　　**2** 安全　　**3** アドバイスしました　　**4** アドバイス
5 すわって　　**6** おすわり　　**7** 歌い　　**8** 歌　　**9** 発見されました
10 アメリカの発見

Part8　一緒に覚えると便利な単語(1)

Part 9

一緒（いっしょ）に覚えると便利な単語(2)

77 もとの意味が共通している形容詞と名詞(1) CD-77

		意味	覚え方のコツ、使い方、発音
happy	ヘァピィ [hǽpi]	しあわせな うれしい	Are you happy? ＝あなたはしあわせですか。
happiness	ヘァピネス [hǽpinis]	しあわせ	You can't buy happiness with money. ＝お金ではしあわせを買えませんよ。
kind	カーィンドゥ [káind]	親切な やさしい	It's kind of you to say so. ＝そう言ってくださるとはご親切に。
kindness	カーィン・ネス [káindnis]	親切 親切な行為	Thank you for your kindness. ＝あなたのご親切に感謝します。
ill	イオ [íl]	病気の 悪い	Ill news travels fast. ＝悪いニュースは速く伝わります。
illness	イオネス [ílnis]	病気	get over his illness ＝彼の病気を克服する
sick	スィック [sík]	病気の はき気がする	アメリカでは ill は「長い病気」、sick は「一時的な気分の悪さ」 get carsick ＝乗り物に酔う
sickness	スィックネス [síknis]	病気 はき気	Judy's sickness will soon go away. ＝ジュディーさんの病気はもうすぐ治るでしょう。
useful	ユースフォー [júːsfl]	役に立つ	A is useful to B. ＝A は B にとって役に立ちます。
usefulness	ユースフォネス [júːsflnis]	役に立つこと	lose［ルーズ］its usefulness ＝役に立たなくなる

☆きちんと単語を覚えているか、次のドリルをやって確認しましょう。

確認ドリル

　　　　のところの英単語の意味を＿＿＿＿に書いてみましょう。

1 **Are you happy?**

あなたは＿＿＿＿ですか。

2 **You can't buy happiness with money.**

お金では＿＿＿＿を買うことができませんよ。

3 **It's kind of you to say so.**

そう言ってくださるとは＿＿＿＿に。

4 **Thank you for your kindness.**

あなたの＿＿＿＿に感謝いたします。

5 **Ill news travels fast.**

＿＿＿＿ニュースは速く伝わります。

6 **Finally Tony got over his illness.**

ついに、トニーさんは彼の＿＿＿＿を克服しました。

7 **Do you often get carsick?**

あなたはよく乗り物に＿＿＿＿か。

8 **Judy's sickness will soon go away.**

ジュディーさんの＿＿＿＿はもうすぐ治るでしょう。

9 **This book is useful to you.**

この本はあなたに＿＿＿＿ますよ。

10 **This knife lost its usefulness.**

このナイフは＿＿＿＿＿＿＿＿。

解答
1 しあわせ　　**2** しあわせ　　**3** ご親切　　**4** ご親切
5 悪い　　**6** 病気　　**7** 酔います　　**8** 病気　　**9** 役に立ち
10 役に立たなくなりました

Part9　一緒に覚えると便利な単語(2)

78 もとの意味が共通している形容詞と名詞(2)　CD-78

		意味	覚え方のコツ、使い方、発音
funny	ファニィ [fʌ́ni]	おかしい	What's so funny? ＝何がそんなにおかしいんだよ。
fun	ファンヌ [fʌ́n]	楽しみ おもしろみ	have fun＝楽しむ be great fun＝とてもおもしろい
gentle	ヂェントー [dʒéntl]	やさしい 親切な	be gentle with A ＝Aに対してやさしい
gentleman	ヂェントーマンヌ [dʒéntlmən]	紳士	Ladies and gentlemen. [レーィディズアンヂェントーメンヌ] ＝お集まりのみなさま。
healthy	ヘオスィ [hélθi]	健康的な	My father is healthy. ＝私の父は健康です。
health	ヘオす [hélθ]	健康	A is good for your health. ＝Aはあなたの健康によいよ。
helpful	ヘオプフォー [hélpfl]	役に立つ	This book is very helpful. ＝この本はとても役に立ちますよ。
help	ヘオプ [hélp]	助け 役に立つ人 役に立つ物	This book is a great help. ＝この本はとても役に立ちますよ。
historic	ヒスト(ー)ゥリック [histɔ́(:)rik]	歴史的に重要な 歴史的に有名な	a historic spot ＝歴史的に有名な［重要な］場所
history	ヒスチュリィ [hístəri]	歴史 歴史書	the history of Japan＝日本の歴史 a history of Japan＝1冊の日本史の本

確認ドリル

のところの英単語の意味を＿＿＿＿に書いてみましょう。

1 **What's so funny?**

何がそんなに＿＿＿＿んだよ。

2 **Playing tennis is great fun.**

テニスをすることは＿＿＿＿＿＿＿＿＿。

3 **My mother is gentle with Saya.**

私の母はさやさんに対して＿＿＿＿。

4 **Ladies and gentlemen.**

＿＿＿＿＿＿＿＿＿＿。

5 **My father is healthy in body and mind.**

私の父は心身ともに＿＿＿＿んですよ。

6 **Walking is good for your health.**

ウォーキングはあなたの＿＿＿＿によいよ。

7 **This book is very helpful.**

この本は＿＿＿＿＿＿＿＿ますよ。

8 **This book is a great help.**

この本は＿＿＿＿＿＿＿＿ますよ。

9 **Tamba Sasayama is a historic spot.**

丹波篠山は＿＿＿＿＿＿＿＿場所ですよ。

10 **I read a history of Japan yesterday.**

私は昨日＿＿＿＿＿＿＿＿読みました。

解答
1 おかしい　　**2** とてもおもしろい　　**3** やさしい
4 お集まりのみなさま　　**5** 健康な　　**6** 健康　　**7** とても役に立ち
8 とても役に立ち　　**9** 歴史的に重要な［有名な］
10 日本史の本を1冊

79 もとの意味が共通している形容詞と名詞(3)　CD-79

		意味	覚え方のコツ、使い方、発音
foreign	フォ(ー)ゥリンヌ [fɔ́(:)rin]	外国の	a foreign language ＝1つの外国語
foreigner	フォ(ー)ゥリナァ [fɔ́(:)rinər]	外国人	a foreigner＝1人の外国人
friendly	フゥレンドゥリィ [fréndli]	友好的な やさしい	be friendly to A ＝Aに対して友好的です
friend	フゥレンドゥ [frénd]	友だち	a friend of mine ＝私のある1人の友だち
lucky	ラッキィ [lʌ́ki]	幸運な ついている	Lucky you! ＝あなたはついていますね！
luck	ラック [lʌ́k]	幸運	Good luck to you! ＝幸運を祈ります！
responsible	ゥリスパンスィボー [rispánsəbl]	責任がある	Who is responsible for this? ＝だれがこれの責任者ですか。
responsibility	ゥリスパンスィビリティ [rispɑnsəbíləti]	責任	have a strong sense of responsibility ＝責任感が強い
social	ソーゥシァオ [sóuʃəl]	社会の	a social problem ＝1つの社会問題
society	ソサーィアティ [səsáiəti]	社会	a member of society ＝社会の一員

確認ドリル

　　　のところの英単語の意味を＿＿＿＿に書いてみましょう。

1 I know two **foreign languages.**

　　私は2つの＿＿＿＿を知っています。

2 I am not a **foreigner.**

　　私は＿＿＿＿ではありません。

3 Tony is **friendly** to us.

　　トニー君は私たちに＿＿＿＿です。

4 I met **a friend of mine** yesterday.

　　私は昨日＿＿＿＿＿＿＿＿に出会った。

5 **Lucky you!**

　　＿＿＿＿＿＿＿＿！

6 **Good luck to you!**

　　＿＿＿＿＿＿＿＿！

7 Who is **responsible** for this?

　　だれがこれの＿＿＿＿ですか。

8 I have a **strong sense of responsibility.**

　　私は＿＿＿＿＿＿＿＿。

9 Unemployment has become a **social problem.**

　　失業が1つの＿＿＿＿になっています。

10 I am a member of **society.**

　　私は＿＿＿＿の一員です。

解答
1 外国語　**2** 外国人　**3** 友好的　**4** 私のある1人の友だち
5 あなたはついていますね　**6** 幸運を祈ります
7 責任者　**8** 責任感が強い　**9** 社会問題　**10** 社会

80 もとの意味が共通している形容詞と名詞(4)　CD-80

		意味	覚え方のコツ、使い方、発音
strange	スチュレーィンヂ [stréindʒ]	不思議な 変な	feel strange ＝不思議な感じがする
stranger	スチュレーィンヂァ [stréindʒər]	知らない人 はじめて来た人	I am a stranger. ＝私ははじめて来たんですよ。
traditional	チュラディショナオ [trædíʃənəl]	伝統的な	A is a traditional event. ＝Aは伝統的な行事です。
tradition	チュラディッションヌ [trædíʃən]	伝統	A has a long tradition. ＝Aには長い伝統があります。
silent	サーィレントゥ [sáilənt]	静かな だまった	the silent type＝無口なタイプ
silence	サーィレンス [sáiləns]	静けさ 沈黙	your silence ＝あなたがだまっていること
noisy	ノーィズィ [nɔ́izi]	やかましい	A is noisy to B. ＝AはBにとってやかましい。
noise	ノーィズ [nɔ́iz]	騒音	Don't make any noise. ＝音を立てないでね。
free	フゥリー [fríː]	自由な ひまな	Are you free now? ＝あなたは今ひまですか。
freedom	フゥリーダム [fríːdəm]	自由	You have the freedom. ＝あなたには自由がある。

確認ドリル

のところの英単語の意味を_____に書いてみましょう。

1 I feel **strange** when I talk to you.

私はあなたと話をすると_____感じがするんですよ。

2 I am a **stranger** in this town.

私はこの町に_____んですよ。

3 This is a **traditional** event.

これは_____行事です。

4 Our school has a long **tradition**.

私たちの学校には長い_____があります。

5 I like the **silent** type.

私は_____が好きです。

6 I can't understand your **silence**.

私はあなたが_____が理解できません。

7 This music is **noisy** to some people.

この音楽はある人たちにとっては_____。

8 Don't make any **noise**.

_____。

9 Are you **free** now?

あなたは今_____ですか。

10 You have the **freedom** to do what you want.

あなたにはしたいことをする_____があります。

解答
1 不思議な［変な］ **2** はじめて来た **3** 伝統的な **4** 伝統
5 無口なタイプ **6** だまっていること **7** やかましい
8 音を立てないでね **9** ひま **10** 自由

81 もとの意味が共通している形容詞と名詞(5) CD-81

		意味	覚え方のコツ、使い方、発音
whose	フーズ [húːz]	だれの	Whose textbook is this? ＝これはだれの教科書ですか。
who	フー [húː]	だれが だれを	Who likes Tony? ＝だれがトニーを好きなの。 Who does Tony like? ＝トニーはだれを好きなの。
wooden	ウォッドゥンヌ [wúdn]	木製の	This is a wooden desk. ＝これは木製の机です。
wood	ウォッドゥ [wúd]	木材 木	This desk is made of wood. ＝この机は木でできています。
young	ヤン・ [jʌ́ŋ]	若い	stay young＝若いままでいる
youth	ユーす [júːθ]	若手	keep my youth ＝私の若さを保っている
patient	ペイシァントゥ [péiʃənt]	しんぼう強い	Be patient!＝がまんしなさいよ！
patience	ペイシァンス [péiʃəns]	しんぼう	have no patience with Tony ＝トニー君にはがまんができません
peaceful	ピースフォー [píːsfl]	平和な	a peaceful world＝平和な世界
peace	ピース [píːs]	平和	world peace＝世界平和

確認ドリル

_____のところの英単語の意味を_____に書いてみましょう。

1 **Whose** textbook is this?

これは_____教科書ですか。

2 **Who** likes Saori?

_____さおりさんを好きなのですか。

3 This is a **wooden** desk.

これは_____机です。

4 This desk is made of **wood**.

この机は_____でできています。

5 I want to stay **young** forever.

私はいつまでも_____ままでいたい。

6 I want to keep my **youth** forever.

私はいつまでも私の_____を保ちたい。

7 Be **patient**!

_____！

8 I have no **patience** with Tony.

私はトニー君_____。

9 I wish for a **peaceful** world.

私は_____世界を願っています。

10 I wish for world **peace**.

私は世界_____を願っています。

解答
1 だれの　　**2** だれが　　**3** 木製の　　**4** 木　　**5** 若い
6 若さ　　**7** がまんしなさい　　**8** にはがまんできません
9 平和な　　**10** 平和

82 もとの意味が共通している形容詞と副詞(1)　CD-82

		意味	覚え方のコツ、使い方、発音
slow	スローゥ [slóu]	おそい	a slow runner = 走るのがおそい人
slowly	スローゥリィ [slóuli]	おそく	run slowly = ゆっくり走る
careful	ケァァフォー [kéəfl]	注意深い	be careful (in) ～ing = 注意して～する
carefully	ケァァフォリィ [kéəfli]	注意深く	cross the street carefully = 注意してその通りを渡る
certain	サ～トゥン／サ～・ン [sə́ːrtn]	まちがいない 確かな	Tony is certain to ～. = トニー君が～するのはまちがいないと私は思います。
certainly	サ～トゥンリィ／サ～・ンリィ [sə́ːrtnli]	まちがいなく 確かに	Tony will certainly pass the test. = トニー君はまちがいなくそのテストに受かるでしょう。
clear	クリァァ [klíər]	はっきりした	have a clear view of A = A のはっきりしたながめが見えます
clearly	クリァァリィ [klíərli]	はっきりと	You can see Tokyo Tower clearly. = 東京タワーがはっきり見えますよ。
easy	イーズィ [íːzi]	簡単な	It's easy for me to swim. = 私にとって泳ぐのは簡単ですよ。
easily	イーズィリィ [íːzili]	簡単に	I can swim easily. = 私は簡単に泳ぐことができます。

確認ドリル

＿＿＿のところの英単語の意味を_____に書いてみましょう。

1 Tony is a **slow** runner.

トニー君は走るのが_____人です。

2 Tony runs **slowly**.

トニー君は_____走ります。

3 You'd better be **careful** (in) crossing the street.

通りを渡るときに_____しないとひどいめにあうよ。

4 You'd better cross the street **carefully**.

_____通りを渡らないとひどいめにあうよ。

5 You are **certain** to pass the test.

あなたがそのテストに受かるのは_____。

6 You will **certainly** pass the test.

あなたは_____そのテストに受かるでしょう。

7 You can have a **clear** view of Tokyo Tower from here.

ここから東京タワーの_____ながめが見えますよ。

8 You can see Tokyo Tower **clearly** from here.

ここから東京タワーが_____見えますよ。

9 It's **easy** for me to swim.

私にとって泳ぐことは_____です。

10 I can swim **easily**.

私は_____泳ぐことができます。

解答
1 おそい **2** ゆっくり **3** 注意 **4** 注意して **5** まちがいない
6 まちがいなく **7** はっきりした **8** はっきりと **9** 簡単
10 簡単に

83 もとの意味が共通している形容詞と副詞(2) CD-83

		意味	覚え方のコツ、使い方、発音
quick	クウィック [kwík]	速い	a quick worker ＝仕事をするのが速い人
quickly	クウィックリィ [kwíkli]	速く	work quickly ＝速く仕事をする
quiet	クワーィエットゥ [kwáiət]	静かな	be quiet in her movement ＝彼女の動作が静かです
quietly	クワーィエッ・リィ [kwáiətli]	静かに	move quietly ＝静かに動く
safe	セーィフ [séif]	安全な 無事な	come home safe ＝無事な状態で家に帰宅する
safely	セーィフリィ [séifli]	安全に 無事に	return home safely ＝無事に家に戻る
most	モーゥストゥ [móust]	ほとんどの	ほとんどの人々 ＝ most people ＝ most of the people
mostly	モーゥス・リィ [móustli]	たいていは	Mostly + A + B. ＝たいていはAはBする。
sure	シュアァ [ʃúər]	確信して	I am sure that + A + B. ＝AがBすると私は確信しています。
surely	シュアァリィ [ʃúərli]	まちがいなく	Surely A + B. ＝まちがいなくAはBする。

確認ドリル

　　　　のところの英単語の意味を＿＿＿＿に書いてみましょう。

1 **Saya is a quick worker.**

さやさんは仕事をするのが＿＿＿＿人です。

2 **Saya works quickly.**

さやさんは＿＿＿＿仕事をします。

3 **Miki is quiet in her movement.**

みきちゃんは動作が＿＿＿＿です。

4 **Miki moves quietly.**

みきちゃんは＿＿＿＿動く。

5 **Saya came home safe.**

さやさんは＿＿＿＿状態で家に帰宅した。［無事に帰宅した。］

6 **Saya returned home safely.**

さやさんは＿＿＿＿家に戻った。

7 **Most people eat dinner.**

＿＿＿＿人々は夕食をとります。

8 **Mostly people eat dinner.**

＿＿＿＿人々は夕食をとります。

9 **I am sure (that) you will pass the test.**

あなたがそのテストに受かると私は＿＿＿＿いますよ。

10 **Surely you will pass the test.**

＿＿＿＿あなたはそのテストに受かりますよ。

解答
1 速い　**2** 速く　**3** 静か　**4** 静かに　**5** 無事な
6 無事に　**7** ほとんどの　**8** たいていは　**9** 確信して
10 まちがいなく

84 数えられる名詞と一緒に使われる形容詞　CD-84

		意 味	覚え方のコツ、使い方、発音
some	サム [səm]	何人かの いくつかの	some friends＝何人かの友だち ＝友だちが何人か
any	エニィ [əni]	何人かの いくつかの	疑問文でも yes を期待しているときは some を、そうでないときは any を使います。
not～any	ナッ・エニィ [nát éni]	少しも～ない	not～any＝no＝少しも～ない not any は、話しことばでよく使われます。
no	ノーゥ [nóu]	少しも～ない	not～any より no の方が「ない」ということを強調した言い方。
not～many	ナッ・メニィ [nát méni]	あまり～ない	I don't have many friends. の many を強く言うと「多くはいないが少しはいる」という意味。
many	メニィ [méni]	たくさんの	疑問文でよく使われます。ただし、「many＋名詞s」が主語になる場合は、肯定文でも自然な言い方です。
a lot of	ァロトヴ／ ァロろヴ [əlótəv]	たくさんの	肯定文、否定文、疑問文で使うことができます。
a few	ァフュー [əfjúː]	少しの ほんのわずかな	a があると「少しある」 have a few friends＝友だちが少しいます
few	フュー [fjúː]	ほとんど～ない 少ない	a がないと「ほとんど～ない」と覚えましょう。 have few friends＝友だちがほとんどいません

確認ドリル

　　　のところの英単語の意味を_____に書いてみましょう。

1 **I have some friends.**

私は_____友だちがいます。

2 **Do you have any friends?**

あなたは_____友だちがいますか。

3 **I don't have any friends.**

私は_____友だちが_____。

4 **I have no friends.**

私は_____友だちが_____。

5 **I don't have many friends.**

私は_____友だちが_____。

6 **Do you have many friends?**

あなたは_____友だちがいますか。

7 **I have a lot of friends.**

私は_____友だちがいます。

8 **I have a few friends.**

私は_____友だちがいます。

9 **I have few friends.**

私は_____友だちが_____。

解答
1 何人か　**2** 何人か　**3** 少しも、いません　**4** 少しも、いません
5 あまり、いません　**6** たくさんの　**7** たくさんの
8 ほんのわずかな　**9** ほとんど、いません

85 数えられない名詞と一緒に使われる形容詞　CD-85

		意 味	覚え方のコツ、使い方、発音
some	サム [səm]	いくらかの量の	some money＝いくらかのお金＝お金をいくらか some は強く発音しません。
any	エニィ [əni]	いくらかの量の	疑問文でも Yes を期待しているときは some を、そうでないときは any を使います。
not～any	ナッ・エニィ [nát éni]	少しも～ない	お金を少しももっていません。 ＝I don't have any money. ＝I have no money.
no	ノーゥ [nóu]	少しも～ない	not～any の方が話し言葉でよく使われます。ただし、no の方が「ない」ということを強調した言い方です。
not～much	ナッ・マッチ [nát mʌ́tʃ]	あまり～ない	not～much＝あまり～ない
much	マッチ [mʌ́tʃ]	たくさんの量の	疑問文でよく使われます。 肯定文（普通の文）では使わない方がよいでしょう。
a lot of	ァロトヴ／ァロロヴ [əlótəv]	たくさんの量の	a lot of は肯定文、疑問文、否定文で使うことができます。
a little	ァリトー／ァリロー [əlítl]	少しの量の ほんの少量の	a があると「少しある」と覚えましょう。　have a little money＝少しのお金をもっています
little	リトー／リロー [lítl]	量がほとんどない 量が少ない	a がないと「ほとんどない」と覚えましょう。　have little money＝ほとんどお金がありません

確認ドリル

_____のところの英単語の意味を_____に書いてみましょう。

1 I have **some** money.

私は_____お金があります。

2 Do you have **any** money?

あなたは_____お金がありますか。

3 I don't have **any** money.

私は_____お金が_____。

4 I have **no** money.

私は_____お金が_____。

5 I don't have **much** money.

私は_____お金が_____。

6 Do you have **much** money?

あなたは_____お金をもっていますか。

7 I have **a lot of** money.

私は_____お金をもっています。

8 I have **a little** money.

私は_____お金をもっています。

9 I have **little** money.

私は_____お金をもって_____。

解答
1 いくらか　**2** いくらか　**3** 少しも、ありません
4 少しも、ありません　**5** あまり、ありません　**6** たくさんの
7 たくさんの　**8** 少し　**9** ほとんど、いません

86 数字、序数

数字		序数	
1	ワン **one** [wʌn]	1番目(の)	ファ～ストゥ **first** [fə́ːrst]
2	トゥー／チュー **two** [túː]	2番目(の)	セカンドゥ **second** [sékənd]
3	すゥリー／トゥリー **three** [θríː]	3番目(の)	さ～ドゥ **third** [θə́ːrd]
4	フォーァ **four** [fɔ́ːr]	4番目(の)	フォーす **fourth** [fɔ́ːrθ]
5	ファーィヴ **five** [fáiv]	5番目(の)	フィフす **fifth** [fífθ]
6	スィックス／セックス **six** [síks]	6番目(の)	スィックスす **sixth** [síksθ]
7	セヴンヌ **seven** [sévn]	7番目(の)	セヴンす **seventh** [sévnθ]
8	エイトゥ **eight** [éit]	8番目(の)	エイトゥす **eighth** [éitθ]
9	ナーィンヌ **nine** [náin]	9番目(の)	ナーィンす **ninth** [náinθ]
10	テンヌ **ten** [tén]	10番目(の)	テンす **tenth** [ténθ]

数字		序数	
11	eleven [ilévn]　イレヴン	11番目(の)	eleventh [ilévnθ]　イレヴンす
12	twelve [twélv]　トゥウェオヴ	12番目(の)	twelfth [twélfθ]　トゥウェオフす
13	thirteen [θəːrtíːn]　さ～ティーンヌ	13番目(の)	thirteenth [θəːrtíːnθ]　さ～ティーンす
14	fourteen [fɔːrtíːn]　フォーティーンヌ	14番目(の)	fourteenth [fɔːrtíːnθ]　フォーティーンす
15	fifteen [fiftíːn]　フィフティーンヌ	15番目(の)	fifteenth [fiftíːnθ]　フィフティーンす
16	sixteen [sikstíːn]　スィクスティーンヌ	16番目(の)	sixteenth [sikstíːnθ]　スィクスティーンす
17	seventeen [sevntíːn]　セヴンティーンヌ	17番目(の)	seventeenth [sevntíːnθ]　セヴンティーンす
18	eighteen [eitíːn]　エーィティーンヌ	18番目(の)	eighteenth [eitíːnθ]　エーィティーンす
19	nineteen [naintíːn]　ナーィンティーンヌ	19番目(の)	nineteenth [naintíːnθ]　ナーィンティーンす
20	twenty [twénti]　トゥウェンティ	20番目(の)	twentieth [twéntiiθ]　トゥウェンティーす／トゥウェニーす

注意

40以外は、すべて teen を ty にするだけです。40だけは four の u を消して ty をつけます。
(例) 13　thirteen ➡ 30　thirty [θə́ːrti／さ～ティ／さ～りィ]
(例外) 14　fourteen ➡ 40　forty [fɔ́ːrti／フォーティ／フォーりィ]
序数に関しては、20番目以降は、y を i に直して eth をつけます。
(例) 30　thirty ➡ 30番目(の)　thirtieth [θə́ːrtiiθ／さ～ティーす／さ～りィーす]

Part 10

英単語のスペル（つづり）と発音の法則

※ Part10の単語はCDに収録されていません。

87 「e」「o」「al」のスペルがある単語の読み方

e で [i／イ] と読む法則

became	ビケーィム [bikéim]	〔動〕～になった	be + ca + me [ビ] [ケーィ] [ム]
began	ビギャンヌ [bigǽn]	〔動〕始まった ～を始めた	be + ga + n [ビ] [ギャ] [ンヌ]
eleventh	イレヴンす [ilévənθ]	〔名〕11番目 〔形〕11番目の	e + le + ven + th [イ] [レ] [ヴン] [す]
repeat	ゥリピートゥ [ripí:t]	〔動〕～を繰り返す	re + pea + t [ゥリ] [ピー] [トゥ]
report	ゥリポートゥ [ripɔ́:rt]	〔動〕～を報告する 〔名〕レポート	re + por + t [ゥリ] [ポー] [トゥ]
return	ゥリタ～ンヌ [ritə́:rn]	〔動〕帰る	re + tur + n [ゥリ] [タ～] [ンヌ]

e で [i／エ] と読む法則

expect	エクスペクトゥ [ikspékt]	〔動〕～を期待する	ex + pe + c + t [エクス] [ペ] [ク] [トゥ]
example	エグゼァンポー [igzǽmpl]	〔名〕例	e + xa + mple [エ] [グゼァ] [ンポー]
experience	エクスピゥリェンス [ikspíriəns]	〔名〕経験	ex + pe + ri + en + ce [エクス] [ピ] [ゥリ] [エン] [ス]
explain	エクスプレーィンヌ [ikspléin]	〔動〕～を説明する	ex + p + lai + n [エクス] [プ] [レーィ] [ンヌ]

o で [ou／オーゥ] と読む法則

ag<u>o</u>	アゴーゥ [əgóu]	〔副〕(今から) 〜前に	a ＋ go [ア]　[ゴーゥ]
d<u>o</u>n't	ドーゥン・ [dóunt]	〔助〕do not の 省略形	do ＋ n't [ドーゥ]　[ントゥ]
<u>o</u>nly	オーゥンリィ [óunli]	〔副〕ただ〜だけ 〔形〕ただ1つの	o ＋ n ＋ ly [オーゥ][ン][リィ]
p<u>o</u>em	ポーゥエム [póuəm]	〔名〕詩	po ＋ e ＋m [ポーゥ][エ][ム]
s<u>o</u>ld	ソーゥオドゥ [sóuld]	〔動〕〜を売った	so ＋ l ＋ d [ソーゥ][オ][ドゥ]
t<u>o</u>ld	トーゥオドゥ [tóuld]	〔動〕〜を話した 〜と言った	to ＋ l ＋ d [トーゥ][オ][ドゥ]
w<u>o</u>n't	ウォーゥン・ [wóunt]	〔助〕will not の省略形	wo ＋ n't [ウォーゥ][ントゥ]

al で [ɔː／オー] と読む法則

b<u>al</u>l	ボーオ [bɔ́ːl]	〔名〕ボール	bal ＋ l [ボー]　[オ]
c<u>al</u>l	コーオ [kɔ́ːl]	〔動〕〜を呼ぶ 〜に電話 をかける	cal ＋ l [コー]　[オ]
w<u>al</u>l	ウォーオ [wɔ́ːl]	〔名〕かべ	wal ＋ l [ウォー]　[オ]

88 「u」「un」のスペルがある単語の読み方

u で [ʌ／ア] と読む法則

cut	カットゥ [kʌ́t]	〔動〕〜を切る	cu ＋ t [カッ] [トゥ]
cup	カップ [kʌ́p]	〔名〕コップ	cu ＋ p [カッ] [プ]
hug	ハッグ [hʌ́g]	〔動〕〜を抱きしめる	hu ＋ g [ハッ] [グ]
just	ヂァストゥ [dʒʌ́st]	〔副〕ちょうど	ju ＋ s ＋ t [ヂァ] [ス] [トゥ]
shut	シァットゥ [ʃʌ́t]	〔動〕〜を閉める	shu ＋ t [シァッ] [トゥ]
such	サッチ [sʌ́tʃ]	〔形〕そのような	su ＋ ch [サッ] [チ]
swum	スワム [swʌ́m]	〔動〕「泳ぐ」という動詞の過去分詞形	s ＋ wu ＋ m [ス] [ワ] [ム]
truck	チュラック [trʌ́k]	〔名〕トラック	tru ＋ ck [チュラッ] [ク]
public	パブリック [pʌ́blik]	〔形〕公の	pu ＋ b ＋ li ＋ c [パ] [ブ] [リッ] [ク]

un で [ʌn／アン または アンヌ] と読む法則

単語	発音	意味	分解
g**un**	ガンヌ [gʌ́n]	〔名〕ピストル	gun [ガンヌ]
h**un**t	ハントゥ [hʌ́nt]	〔動〕〜を狩る 〜をハントする	hun + t [ハン][トゥ]
l**un**ch	ランチ [lʌ́ntʃ]	〔名〕昼食	lun + ch [ラン][チ]
l**un**chtime	ランチターィム [lʌ́ntʃtaim]	〔名〕昼食時間	lun + ch + ti + me [ラン][チ][ターィ][ム]
h**un**dred	ハンドゥレッドゥ [hʌ́ndred]	〔名〕100	hun + dre + d [ハン][ドゥレッ][ドゥ]
h**un**gry	ハングゥリィ [hʌ́ŋgri]	〔形〕おなかがすいた	hun + g + ry [ハン][グ][ゥリィ]
s**un**shine	サンシァーィンヌ [sʌ́nʃain]	〔名〕日光	sun + shi + ne [サン][シァーィ][ンヌ]
uneasy	アニーズィ [ʌníːzi]	〔形〕不安な	unea + sy [アニー][ズィ]
unhappy	アンヘァピィ [ʌnhǽpi]	〔形〕悲しい 不幸な	un + ha + ppy [アン][ヘァ][ピィ]
unlucky	アンラキィ [ʌnlʌ́ki]	〔形〕運が悪い	un + lu + cky [アン][ラ][キィ]

Part 10 英単語のスペルと発音の法則

89 「ee」「e△e」のスペルがある単語の読み方

ee で [iː／イー] と読む法則

thirteen	さ〜ティーンヌ [θəːrtíːn]	〔名〕13	thir + tee + n [さ〜] [ティー] [ンヌ]
fourteen	フォーティーンヌ [fɔːrtíːn]	〔名〕14	four + tee + n [フォー] [ティー] [ンヌ]
queen	クウィーンヌ [kwíːn]	〔名〕女王	q + uee + n [ク] [ウィー] [ンヌ]
freely	フゥリーリィ [fríːli]	〔副〕自由に	f + ree + ly [フ] [ゥリー] [リィ]
deeply	ディープリィ [díːpli]	〔副〕深く	dee + p + ly [ディー] [プ] [リィ]
bee	ビー [bíː]	〔名〕ハチ	bee [ビー]
three	すゥリー／トゥリー [θríː]	〔名〕3	th + ree [す／ト] [ゥリー]
deep	ディープ [díːp]	〔形〕深い	dee + p [ディー] [プ]
seed	スィードゥ [síːd]	〔名〕種	see + d [スィー] [ドゥ]
seen	スィーンヌ [síːn]	〔動〕見られた	see + n [スィー] [ンヌ]

※ 〜teen は、使う場所によってアクセントが変わります。
　(例) I am thirteen.（私は 13 才です）
　　　 I have thirteen books.（私は 13 冊の本をもっています）

ee で [iː／イー] と読む法則

sheet	シートゥ [ʃíːt]	〔名〕a sheet of で「1枚の」	shee + t [シー] [トゥ]
sweet	スウィートゥ [swíːt]	〔形〕あまい	s + wee + t [ス] [ウィー] [トゥ]
speed	スピードゥ [spíːd]	〔名〕スピード	s + pee + d [ス] [ピー] [ドゥ]
greet	グゥリートゥ [gríːt]	〔動〕〜にあいさつする	g + ree + t [グ] [ゥリー] [トゥ]

e△e で [iː／イー] と読む法則

theme	すィーム [θíːm]	〔名〕テーマ	the + me [すィー] [ム]
these	ずィーズ [ðíːz]	〔代〕これらは〔形〕これらの	the + se [ずィー] [ズ]
athlete	エァすリートゥ [ǽθliːt]	〔名〕運動選手	a + th + le + te [エァ] [す] [リー] [トゥ]
scene	スィーンヌ [síːn]	〔名〕場所	sce + ne [スィー] [ンヌ]

Part 10 英単語のスペルと発音の法則

90 「oo」「re」のスペルがある単語の読み方

oo で [uː／ウー] と読む法則

food	フードゥ [fúːd]	〔名〕食物	foo + d [フー][ドゥ]
pool	プーオ [púːl]	〔名〕プール 水たまり	poo + l [プー][オ]
roof	ゥルーフ [rúːf]	〔名〕屋根	roo + f [ゥルー][フ]
soon	スーンヌ [súːn]	〔副〕まもなく	soo + n [スー][ンヌ]
tool	トゥーオ [túːl]	〔名〕道具	too + l [トゥー][オ]
tooth	トゥーす [túːθ]	〔名〕歯	too + th [トゥー][す]
spoon	スプーンヌ [spúːn]	〔名〕スプーン	s + poo + n [ス][プー][ンヌ]
foolish	フーリッシ [fúːliʃ]	〔形〕ばかな	foo + li + sh [フー][リッ][シ]
classroom	クレァスゥルーム [klǽsruːm]	〔名〕教室	c + lass + roo + m [ク][レァス][ゥルー][ム]

oo で [u／ウ] と読む法則

t**oo**k	トゥック [túk]	〔動〕〜を取った	too + k [トゥッ][ク]
w**oo**l	ウォォ [wúl]	〔名〕ウール 羊毛	woo + l [ウォ][オ]
g**oo**d-bye	グッ・バーィ [gud bái]	〔間〕さようなら	good - bye [グッ・][バーィ]
st**oo**d	ストゥッドゥ [stúd]	〔動〕立っていた	s + too + d [ス][トゥッ][ドゥ]
underst**oo**d	アンダァストゥッドゥ [ʌndərstúd]	〔動〕〜を理解した	un + der + stood [アン][ダァ][ストゥッドゥ]
textb**oo**k	テクス・ブック [tékstbuk]	〔名〕教科書	text + boo + k [テクストゥ][ブッ][ク]

re で [ər／アァ] と読む法則

fi**re**	ファーィアァ [fáiər]	〔名〕火	fi + re [ファーィ][アァ]
fi**re**work	ファーィアァワ〜ク [fáiərwəːrk]	〔名〕花火	fi + re + wor + k [ファーィ][アァ][ワ〜][ク]
fi**re**fly	ファーィアァフラーィ [fáiərflai]	〔名〕ホタル	fi + re + f + ly [ファーィ][アァ][フ][ラーィ]

91 「ou」「on」「ow」のスペルがある単語の読み方

ou で [au／アーゥ] と読む法則

loud	ラーゥドゥ [láud]	〔形〕(声などが)大きい	lou + d [ラーゥ][ドゥ]
count	カーゥントゥ [káunt]	〔動〕～を数える	cou + nt [カーゥ][ントゥ]
found	ファーゥンドゥ [fáund]	〔動〕～を見つけた	fou + nd [ファーゥ][ンドゥ]
pound	パーゥンドゥ [páund]	〔名〕ポンド	pou + nd [パーゥ][ンドゥ]
sound	サーゥンドゥ [sáund]	〔名〕音	sou + nd [サーゥ][ンドゥ]
round	ゥラーゥンドゥ [ráund]	〔形〕丸い	rou + nd [ゥラーゥ][ンドゥ]
proud	プゥラーゥドゥ [práud]	〔形〕be proud of で「ほこりに思う」	p + rou + d [プ][ゥラーゥ][ドゥ]
about	アバーゥトゥ [əbáut]	〔副〕約 〔前〕～について	a + bou + t [ア][バーゥ][トゥ]
around	アゥラーゥンドゥ [əráund]	〔前〕～のまわりに	a + rou + nd [ア][ゥラーゥ][ンドゥ]
thousand	さーゥザンドゥ [θáuzənd]	〔名〕1,000	thou + sa + nd [さーゥ][ザ][ンドゥ]

ou で [ʌ／ア] と読む法則

couple	カポー [kʌ́pl]	〔名〕2つ 1対	cou + ple [カ] [ポー]
double	ダボー [dʌ́bl]	〔名〕2倍 〔形〕2倍の	dou + ble [ダ] [ボー]
trouble	チュラボー [trʌ́bl]	〔名〕心配 トラブル	trou + ble [チュラ] [ボー]

on で [ʌn／アン] と読む法則

none	ナンヌ [nʌ́n]	〔代〕1つも〜ない だれも〜ない	none [ナンヌ]
London	ランダンヌ [lʌ́ndən]	〔名〕ロンドン	Lon + don [ラン] [ダンヌ]
wonder	ワンダァ [wʌ́ndər]	〔名〕不思議 〔動〕〜を不思議に思う	won + der [ワン] [ダァ]

ow で [ou／オーゥ] と読む法則

own	オーゥンヌ [óun]	〔動〕〜を所有する	ow + n [オーゥ] [ンヌ]
owner	オーゥナァ [óunər]	〔名〕所有者	ow + ner [オーゥ] [ナァ]
low	ローゥ [lóu]	〔形〕低い	low [ローゥ]

Part 10　英単語のスペルと発音の法則

92 「ar」「ir」「ur」「air」のスペルがある単語の読み方

ar で [ɑ:r／アー] と読む法則

part	パートゥ [pá:rt]	〔名〕一部分 一部	par + t [パー] [トゥ]
mark	マーク [má:rk]	〔名〕(成績などの)点	mar + k [マー] [ク]
party	パーティ／パーりィ [pá:rti]	〔名〕パーティー	par + ty [パー] [ティ／りィ]
bark	バーク [bá:rk]	〔動〕ほえる	bar + k [バー] [ク]

ir で [ə:r／ア〜] と読む法則

bird	バ〜ドゥ [bá:rd]	〔名〕鳥	bir + d [バ〜] [ドゥ]
birthday	バ〜すデーィ [bá:rθdei]	〔名〕誕生日	bir + th + day [バ〜] [す] [デーィ]
first	ファ〜ストゥ [fá:rst]	〔名〕1番目 〔形〕1番目の	fir + s + t [ファ〜] [ス] [トゥ]
third	さ〜ドゥ [θá:rd]	〔名〕3番目 〔形〕3番目の	thir + d [さ〜] [ドゥ]
thirsty	さ〜スティ [θá:rsti]	〔形〕のどが乾いた	thir + s + ty [さ〜] [ス] [ティ]
thirty	さ〜ティ／さ〜りィ [θá:rti]	〔名〕30	thir + ty [さ〜] [ティ／りィ]

ur で [əːr／アー] と読む法則

burn	バーンヌ [báːrn]	〔動〕〜を燃やす 燃える	bur ＋ n [バー] [ンヌ]
hurt	ハートゥ [háːrt]	〔動〕〜を傷つける	hur ＋ t [ハー] [トゥ]
turn	タ〜ンヌ [táːrn]	〔動〕曲がる	tur ＋ n [ター] [ンヌ]
hurry	ハ〜ゥリィ [háːri]	〔動〕急ぐ	hur ＋ ry [ハー] [ゥリィ]
church	チァ〜チ [tʃáːrtʃ]	〔名〕教会	chur ＋ ch [チァー] [チ]

air で [eər／エアァ] と読む法則

air	エアァ [éər]	〔名〕空気	air [エアァ]
pair	ペアァ [péər]	〔名〕1対	pair [ペアァ]
stair	ステアァ [stéər]	〔名〕階段	s ＋ tair [ス] [テアァ]
repair	ゥリペアァ [ripéər]	〔動〕〜を修理する	re ＋ pair [ゥリ] [ペアァ]

Part 10 英単語のスペルと発音の法則

93 「er」「or」のスペルがある単語の読み方

er で [ər／アァ] と読む法則

enter	エンタァ [éntər]	〔動〕〜に入る	en ＋ ter [エン] [タァ]
center	センタァ [séntər]	〔名〕センター 真ん中	cen ＋ ter [セン] [タァ]
clever	クレヴァァ [klévər]	〔形〕かしこい	c ＋ le ＋ ver [ク] [レ] [ヴァァ]
counter	カーゥンタァ [káuntər]	〔名〕カウンター	cou ＋ n ＋ ter [カーゥ] [ン] [タァ]
driver	ジュラーィヴァァ [dráivər]	〔名〕運転手	dri ＋ ver [ジュラーィ] [ヴァァ]
gather	ギャザァ [gǽðər]	〔動〕〜を集める	ga ＋ ther [ギャ] [ザァ]
master	メァスタァ [mǽstər]	〔動〕〜をマスターする	ma ＋ s ＋ ter [メァ] [ス] [タァ]
power	パーゥアァ [páuər]	〔名〕力	pow ＋ er [パーゥ] [アァ]
shoulder	ショーゥオダァ [ʃóuldər]	〔名〕肩	shou ＋ l ＋ der [ショーゥ] [オ] [ダァ]
rather	ゥレァザァ [rǽðər]	〔副〕むしろ	ra ＋ ther [ゥレァ] [ザァ]

or で [ɔːr／オー] と読む法則

単語	発音	意味	分解
born	ボーンヌ [bɔ́ːrn]	〔形〕be born で「生まれる」	bor + n [ボー][ンヌ]
corn	コーンヌ [kɔ́ːrn]	〔名〕コーン	cor + n [コー][ンヌ]
fork	フォーク [fɔ́ːrk]	〔名〕フォーク	for + k [フォー][ク]
port	ポートゥ [pɔ́ːrt]	〔名〕港	por + t [ポー][トゥ]
sport	スポートゥ [spɔ́ːrt]	〔名〕スポーツ	s + por + t [ス][ポー][トゥ]
short	ショートゥ [ʃɔ́ːrt]	〔形〕短い 背が低い	shor + t [ショー][トゥ]
forty	フォーティ／フォーりィ [fɔ́ːrti]	〔名〕40	for + ty [フォー][ティ／りィ]
order	オーダァ [ɔ́ːrdər]	〔動〕〜を注文する 〔名〕注文	or + der [オー][ダァ]
corner	コーナァ [kɔ́ːrnər]	〔名〕コーナー 角	cor + ner [コー][ナァ]

or で [əːr／ア〜] と読む法則

単語	発音	意味	分解
word	ワ〜ドゥ [wə́ːrd]	〔名〕単語	wor + d [ワ〜][ドゥ]
worker	ワ〜カァ [wə́ːrkər]	〔名〕働く人	wor + ker [ワ〜][カァ]
world	ワ〜オドゥ [wə́ːrld]	〔名〕世界	wor + l + d [ワ〜][オ][ドゥ]
worry	ワ〜ゥリィ [wə́ːri]	〔動〕(〜を)心配する	wor + ry [ワ〜][ゥリィ]

Part 10　英単語のスペルと発音の法則

94 「ea」「are」「th」のスペルがある単語の読み方

ea で [iː／イー] と読む法則

b<u>ea</u>ch	ビーチ [bíːtʃ]	〔名〕浜	bea + ch [ビー] [チ]
c<u>l</u>ean	クリーンヌ [klíːn]	〔動〕〜をきれいにする	c + lea + n [ク] [リー] [ンヌ]
<u>l</u>eaf	リーフ [líːf]	〔名〕葉っぱ	lea + f [リー] [フ]
<u>m</u>eal	ミーオ [míːl]	〔名〕食事	mea + l [ミー] [オ]
<u>m</u>eat	ミートゥ [míːt]	〔名〕肉	mea + t [ミー] [トゥ]
<u>s</u>teal	スティーオ [stíːl]	〔動〕〜を盗む	s + tea + l [ス] [ティー] [オ]
<u>d</u>ream	ジュリーム [dríːm]	〔名〕夢	drea + m [ジュリー] [ム]
<u>s</u>eason	スィーズンヌ [síːzn]	〔名〕季節	sea + son [スィー] [ズンヌ]
<u>h</u>eat	ヒートゥ [híːt]	〔名〕熱	hea + t [ヒー] [トゥ]
<u>h</u>eater	ヒータァ [híːtər]	〔名〕ストーブ	hea + ter [ヒー] [タァ]

are で [eər／エァァ] と読む法則

care	ケァァ [kéər]	〔名〕世話	care [ケァァ]
square	スクウェァァ [skwéər]	〔名〕四角 広場	s + q + uare [ス] [ク] [ウェァァ]
share	シェァァ [ʃéər]	〔動〕〜を分ける	share [シェァァ]

th で [θ／す] と読む法則

bath	ベァす [bǽθ]	〔名〕ふろ	ba + th [ベァ] [す]
both	ボーゥす [bóuθ]	〔形〕両方の	bo + th [ボーゥ] [す]
cloth	クロ(ー)す [klɔ́(:)θ]	〔名〕布	c + lo + th [ク] [ロー] [す]
thank	せァンク [θǽŋk]	〔動〕〜に感謝する	tha + n + k [せァ] [ン] [ク]
thing	すィン・ [θíŋ]	〔名〕物 こと	thi + ng [すィ] [ン・]
throw	すゥローゥ [θróu]	〔動〕〜を投げる	th + row [す] [ゥローゥ]

95 「a△e」のスペルがある単語の読み方

a△e で ［ei／エーィ］ と読む法則

age	エーィヂ [éidʒ]	〔名〕年齢	a + ge ［エーィ］［ヂ］
cake	ケーィク [kéik]	〔名〕ケーキ	ca + ke ［ケーィ］［ク］
came	ケーィム [kéim]	〔動〕来た	ca + me ［ケーィ］［ム］
case	ケーィス [kéis]	〔名〕ケース	ca + se ［ケーィ］［ス］
gate	ゲーィトゥ [géit]	〔名〕門	ga + te ［ゲーィ］［トゥ］
gave	ゲーィヴ [géiv]	〔動〕〜を与えた	ga + ve ［ゲーィ］［ヴ］
lake	レーィク [léik]	〔名〕湖	la + ke ［レーィ］［ク］
made	メーィドゥ [méid]	〔動〕〜を作った	ma + de ［メーィ］［ドゥ］
name	ネーィム [néim]	〔名〕名前	na + me ［ネーィ］［ム］
page	ペーィヂ [péidʒ]	〔名〕ページ	pa + ge ［ペーィ］［ヂ］

a△e で [ei ／エーィ] と読む法則

pale	ペーィオ [péil]	〔形〕青白い	pa + le [ペーィ]　[オ]
race	ウレーィス [réis]	〔名〕競争	ra + ce [ゥレーィ]　[ス]
tape	テーィプ [téip]	〔名〕テープ	ta + pe [テーィ]　[プ]
vase	ヴェーィス [véis]	〔名〕花びん	va + se [ヴェーィ]　[ス]
wake	ウェーィク [wéik]	〔動〕目が覚める	wa + ke [ウェーィ]　[ク]
wave	ウェーィヴ [wéiv]	〔名〕波	wa + ve [ウェーィ]　[ヴ]
grade	グゥレーィドゥ [gréid]	〔名〕級	g + ra + de [グ]　[ゥレーィ]　[ドゥ]
place	プレーィス [pléis]	〔名〕場所	p + la + ce [プ]　[レーィ]　[ス]
space	スペーィス [spéis]	〔名〕空間	s + pa + ce [ス]　[ペーィ]　[ス]
shake	シェーィク [ʃéik]	〔動〕〜を振る	sha + ke [シェーィ]　[ク]

Part 10　英単語のスペルと発音の法則

96 「i△e」「ie」のスペルがある単語の読み方

i△e で ［ai／アーィ］と読む法則

m<u>i</u>le	マーィオ [máil]	〔名〕マイル	mi ＋ le ［マーィ］［オ］
s<u>i</u>de	サーィドゥ [sáid]	〔名〕側	si ＋ de ［サーィ］［ドゥ］
s<u>i</u>ze	サーィズ [sáiz]	〔名〕サイズ	si ＋ ze ［サーィ］［ズ］
b<u>i</u>te	バーィトゥ [báit]	〔動〕〜をかむ	bi ＋ te ［バーィ］［トゥ］
f<u>i</u>ve	ファーィヴ [fáiv]	〔名〕5	fi ＋ ve ［ファーィ］［ヴ］
h<u>i</u>de	ハーィドゥ [háid]	〔動〕〜をかくす	hi ＋ de ［ハーィ］［ドゥ］
w<u>i</u>fe	ワーィフ [wáif]	〔名〕妻	wi ＋ fe ［ワーィ］［フ］
sh<u>i</u>ne	シァーィンヌ [ʃáin]	〔動〕輝く	shi ＋ ne ［シァーィ］［ンヌ］
dr<u>i</u>ve	ジュラーィヴ [dráiv]	〔動〕運転する 〜を運転する	dri ＋ ve ［ジュラーィ］［ヴ］
pr<u>i</u>ce	プゥラーィス [práis]	〔名〕値段	p ＋ ri ＋ ce ［プ］［ゥラーィ］［ス］

i△e で ［ai ／アーィ］と読む法則

inside	インサーィドゥ [insáid]	〔副〕内側に	in ＋ si ＋ de ［イン］［サーィ］［ドゥ］
invite	インヴァーィトゥ [inváit]	〔動〕〜を招待する	in ＋ vi ＋ te ［イン］［ヴァーィ］［トゥ］
prize	プゥラーィズ [práiz]	〔名〕賞品	p ＋ ri ＋ ze ［プ］［ゥラーィ］［ズ］
slide	スラーィドゥ [sláid]	〔動〕（車などが）スリップする	s ＋ li ＋ de ［ス］［ラーィ］［ドゥ］
smile	スマーィオ [smáil]	〔動〕ほほえむ	s ＋ mi ＋ le ［ス］［マーィ］［オ］

ie で ［ai ／アーィ］と読む法則

die	ダーィ [dái]	〔動〕死ぬ	die ［ダーィ］
lie	ラーィ [lái]	〔動〕横たわる	lie ［ラーィ］
pie	パーィ [pái]	〔名〕パイ	pie ［パーィ］
tie	ターィ [tái]	〔名〕ネクタイ	tie ［ターィ］

97 「o△e」「u△e」「ue」のスペルがある単語の読み方

o△e で［ou／オーゥ］と読む法則

単語	読み方	意味	分解
broke	ブゥローゥク [bróuk]	〔動〕〜を壊した 壊れた	b + ro + ke ［ブ］［ゥローゥ］［ク］
drove	ジュローゥヴ [dróuv]	〔動〕〜を運転した 運転した	dro + ve ［ジュローゥ］［ヴ］
joke	ヂョーゥク [dʒóuk]	〔名〕冗談	jo + ke ［ヂョーゥ］［ク］
rode	ゥローゥドゥ [róud]	〔動〕〜に乗った 乗った	ro + de ［ゥローゥ］［ドゥ］
rope	ゥローゥプ [róup]	〔名〕ロープ	ro + pe ［ゥローゥ］［プ］
spoke	スポーゥク [spóuk]	〔動〕〜を話した 話した	s + po + ke ［ス］［ポーゥ］［ク］
those	ぞーゥズ [ðóuz]	〔代〕あれらは 〔形〕あれらの	tho + se ［ぞーゥ］［ズ］
stone	ストーゥンヌ [stóun]	〔名〕石	s + to + ne ［ス］［トーゥ］［ンヌ］
shone	ショーゥンヌ [ʃóun]	〔動〕輝いた	sho + ne ［ショーゥ］［ンヌ］
note	ノーゥトゥ [nóut]	〔名〕覚え書き	no + te ［ノーゥ］［トゥ］

o△e で [ʌ／ア] と読む法則

above	アバヴ [əbÁv]	〔前〕〜の上に	a + bo + ve [ア] [バ] [ヴ]
done	ダンヌ [dÁn]	〔動〕do の過去分詞形 〔形〕調理された	do + ne [ダ] [ンヌ]
glove	グラヴ [glÁv]	〔名〕グローブ	g + lo + ve [グ] [ラ] [ヴ]
welcome	ウェオカム [wélkəm]	〔間〕ようこそ	we + l + co + me [ウェ] [オ] [カ] [ム]

u△e または ue で [ju:／ユーまたは u:／ウー] と読む法則

rule	ウルーオ [rú:l]	〔名〕ルール	ru + le [ゥルー] [オ]
true	チュルー [trú:]	〔形〕本当の	true [チュルー]
introduce	インチュロデュース [intrədjú:s]	〔動〕〜を紹介する	in + tro + duce [イン] [チュロ] [デュース]
reduce	ゥリデュース [ridjú:s]	〔動〕〜を減らす	re + du + ce [ゥリ] [デュー] [ス]
attitude	エァティテュードゥ [ǽtitju:d]	〔名〕態度	atti + tu + de [エァティ] [テュー] [ドゥ]

98 「m+p」「m+b」のスペルがある単語の読み方

m+p または m+b で[m]を口を閉じて[ン]と読む法則

empty	エンプティ [émpti]	〔形〕からっぽの	emp + ty [エンプ][ティ]
impress	インプゥレス [imprés]	〔動〕〜に感銘を与える	imp + re + ss [インプ][ゥレ][ス]
impression	インプゥレッションヌ [impréʃən]	〔名〕印象	imp + re + ssion [インプ][ゥレ][ションヌ]
improve	インプゥルーヴ [imprú:v]	〔動〕〜を改善する	imp + ro + ve [インプ][ゥルー][ヴ]
important	インポータントゥ [impɔ́:rtənt]	〔形〕大切な	im + por + tant [イン][ポー][タントゥ]
importance	インポータンス [impɔ́:rtəns]	〔名〕大切さ	im + por + tance [イン][ポー][タンス]
champion	チャンピアンヌ [tʃǽmpiən]	〔名〕優勝者	cham + pi + on [チャン][ピ][アンヌ]
championship	チャンピアンシップ [tʃǽmpiənʃip]	〔名〕選手権	cham + pi + on + shi + p [チャン][ピ][アン][シッ][プ]
symbol	スィンボー [símbl]	〔名〕シンボル	sym + bo + l [スィン][ボ][オー]
Olympics	オリンピクス [əlímpiks]	〔名〕the Olympicsで「オリンピック」	o + lym + pi + cs [オ][リン][ピ][クス]

m+p または m+b で[m]を口を閉じて[ン]と読む法則

si<u>m</u>ple	スィンポー [símpl]	〔形〕単純な	sim ＋ ple [スィン][ポー]
te<u>m</u>ple	テンポー [témpl]	〔名〕寺	tem ＋ ple [テン][ポー]
ju<u>m</u>p	ヂァンプ [dʒʌmp]	〔動〕ジャンプする	jum ＋ p [ヂァン][プ]
la<u>m</u>p	レァンプ [lǽmp]	〔名〕ランプ	lam ＋ p [レァン][プ]
sta<u>m</u>p	ステァンプ [stǽmp]	〔名〕切手 スタンプ	s ＋ tam ＋ p [ス][テァン][プ]
co<u>m</u>puter	コンピュータァ [kəmpjúːtər]	〔名〕コンピューター	com ＋ pu ＋ ter [コン][ピュー][タァ]
co<u>m</u>pany	カンパニィ [kʌ́mpəni]	〔名〕会社	com ＋ pa ＋ ny [カン][パ][ニィ]
co<u>m</u>plain	カンプレーィヌ [kəmpléin]	〔動〕不平を言う	com ＋ p ＋ lai ＋ n [カン][プ][レーィ][ンヌ]
me<u>m</u>ber	メンバァ [mémbər]	〔名〕メンバー	mem ＋ ber [メン][バァ]
nu<u>m</u>ber	ナンバァ [nʌ́mbər]	〔名〕数字	num ＋ ber [ナン][バァ]

99 「-ll」「-ss」など子音文字が連続する単語の読み方

アクセントの次の文字が重なることがあるつづりの法則

bell	ベオ [bél]	〔名〕ベル	be + ll [ベ] [オ]
fell	フェオ [fél]	〔動〕落ちた 　～を落とした	fe + ll [フェ] [オ]
fill	フィオ [fíl]	〔動〕～を満たす	fi + ll [フィ] [オ]
hill	ヒオ [híl]	〔名〕丘	hi + ll [ヒ] [オ]
till	ティオ [tíl]	〔前〕～まで	ti + ll [ティ] [オ]
pull	プオ [púl]	〔動〕～を引っぱる	pu + ll [プ] [オ]
doll	ダオ [dál]	〔名〕人形	do + ll [ダ] [オ]
kiss	キス [kís]	〔名〕キス 〔動〕～にキスを 　する	ki + ss [キ] [ス]
pass	ペァス [pǽs]	〔動〕～を手渡す 　(時が)たつ	pa + ss [ペァ] [ス]

アクセントの次の文字が重なることがあるつづりの法則

grass	グゥレァス [grǽs]	〔名〕草 しばふ	g + ra + ss [グ] [ゥレァ] [ス]
glass	グレァス [glǽs]	〔名〕ガラスのコップ	g + la + ss [グ] [レァ] [ス]
dress	ジュレス [drés]	〔名〕ドレス	dre + ss [ジュレ] [ス]
chess	チェス [tʃés]	〔名〕チェス	che + ss [チェ] [ス]
smell	スメオ [smél]	〔動〕〜のにおいがする、〜のにおいをかぐ	s + me + ll [ス] [メ] [オ]
still	スティオ [stíl]	〔副〕まだ	s + ti + ll [ス] [ティ] [オ]
hello	ヘローゥ [helóu]	〔間〕こんにちは	he + llo [ヘ] [ローゥ]
wallet	ワレットゥ [wálət]	〔名〕札入れ	wa + llet [ワ] [レットゥ]
million	ミリャンヌ [míljən]	〔名〕100万	mi + llion [ミ] [リャンヌ]

229

100 「-pp」「-tt」など子音文字が連続する単語の読み方

アクセントの次の文字が重なることがあるつづりの法則

supper	サパァ [sʌ́pər]	〔名〕夕食	su ＋ pper [サ]　[パァ]
happen	ヘァプンヌ [hǽpn]	〔動〕〜が起こる	ha ＋ ppen [ヘァ]　[プンヌ]
bottle	バトー／ バロー [bátl]	〔名〕ボトル	bo ＋ ttle [バ]　[トー／ロー]
better	ベタァ／ベらァ [bétər]	〔形〕よりよい	be ＋ tter [ベ]　[タァ／らァ]
butter	バタァ／バらァ [bʌ́tər]	〔名〕バター	bu ＋ tter [バ]　[タァ／らァ]
matter	メアタァ／ メアらァ [mǽtər]	〔名〕事柄 問題	ma ＋ tter [メア]　[タァ／らァ]

アクセントの次の文字が重なることがあるつづりの法則

jazz	ヂェアズ [dʒǽz]	〔名〕ジャズ	ja + zz [ヂェア][ズ]
hobby	ハビィ／ホビィ [hábi]	〔名〕趣味	ho + bby [ハ／ホ][ビィ]
common	カマンヌ／ コモンヌ [kámən]	〔形〕共通の	co + mmon [カ／コ][モンヌ]
mirror	ミゥラァ [mírər]	〔名〕かがみ ミラー	mi + rror [ミ][ゥラァ]
middle	ミドー [mídl]	〔名〕真ん中	mi + ddle [ミ][ドー]
effort	エファァトゥ [éfərt]	〔名〕努力	e + ffort [エ][ファァトゥ]

Part 10 英単語のスペルと発音の法則

基本動詞の変化表

A-A-A 型

意味	原形(現在形)	過去形	過去分詞形	現在分詞形
～を切る	cut(s) [カッ・(カッツ)]	cut [カッ・]	cut [カッ・]	cutting [カティン・]
～を打つ	hit(s) [ヒッ・(ヒッツ)]	hit [ヒッ・]	hit [ヒッ・]	hitting [ヒティン・]
～を置く	put(s) [プッ・(プッツ)]	put [プッ・]	put [プッ・]	putting [プティン・]
～を置く	set(s) [セッ・(セッツ)]	set [セッ・]	set [セッ・]	setting [セティン・]
～をしめる	shut(s) [シァッ・(シァッツ)]	shut [シァッ・]	shut [シァッ・]	shutting [シァティン・]

A-B-A 型

意味	原形(現在形)	過去形	過去分詞形	現在分詞形
～になる	become(s) [ビカム(ズ)]	became [ビケーィム]	become [ビカム]	becoming [ビカミン・]
来る	come(s) カム(ズ)	came [ケーィム]	come [カム]	coming [カミン・]
走る	run(s) ゥラン(ズ)	ran [ゥレアンヌ]	run [ゥランヌ]	running [ゥラニン・]

A-B-B 型

意味	原形(現在形)	過去形	過去分詞形	現在分詞形
～を建てる	build(s) [ビオドゥ(ビオヅ)]	built [ビオトゥ]	built [ビオトゥ]	building [ビオディン・]
(～を)出発する	leave(s) [リーヴ(ズ)]	left [レフトゥ]	left [レフトゥ]	leaving [リーヴィン・]
～を貸す	lend(s) [レンドゥ(レンヅ)]	lent [レントゥ]	lent [レントゥ]	lending [レンディン・]
～を失う	lose(s) [ルーズ(ルーズィズ)]	lost [ローストゥ]	lost [ローストゥ]	losing [ルーズィン・]
～を作る	make(s) [メーィク(ス)]	made [メーィドゥ]	made [メーィドゥ]	making [メーィキン・]
～を意味する	mean(s) [ミーン(ズ)]	meant [メントゥ]	meant [メントゥ]	meaning [ミーニン・]
～に出会う	meet(s) [ミートゥ(ミーツ)]	met [メッ・]	met [メッ・]	meeting [ミーティン・]
～を支払う	pay(s) [ペーィ(ズ)]	paid [ペーィドゥ]	paid [ペーィドゥ]	paying [ペーィイン・]
輝く	shine(s) [シァーィン(ズ)]	shone [ショーゥンヌ]	shone [ショーゥンヌ]	shining [シァーィニン・]
すわる	sit(s) [スィッ・(スィッツ)]	sat [セアッ・]	sat [セアッ・]	sitting [スィティン・]

A-B-B 型

意味	原形(現在形)	過去形	過去分詞形	現在分詞形
～を感じる	feel(s) [フィーオ(ズ)]	felt [フェオトゥ]	felt [フェオトゥ]	feeling [フィーリン･]
～を見つける	find(s) [ファーインドゥ(ファーインヅ)]	found [ファーウンドゥ]	found [ファーウンドゥ]	finding [ファーインディン･]
～をもっている	have[has] [ヘァヴ(ヘァズ)]	had [ヘァッ･]	had [ヘァッ･]	having [ヘァヴィン･]
～が聞こえる	hear(s) [ヒァァ(ズ)]	heard [ハ～ドゥ]	heard [ハ～ドゥ]	hearing [ヒアゥリン･]
～を保つ	keep(s) [キープ(ス)]	kept [ケプトゥ]	kept [ケプトゥ]	keeping [キーピン･]
～と言う	say(s) [セーィ(セッズ)]	said [セッ･]	said [セッ･]	saying [セーィイン･]
～を売る	sell(s) [セオ(ズ)]	sold [ソーゥオドゥ]	sold [ソーゥオドゥ]	selling [セリン･]
～を言う	tell(s) [テオ(ズ)]	told [トーゥオドゥ]	told [トーゥオドゥ]	telling [テリン･]
～をにぎる	hold(s) [ホーゥドゥ(ホーゥオヅ)]	held [ヘオドゥ]	held [ヘオドゥ]	holding [ホーゥオディン･]

A-B-B 型

意味	原形(現在形)	過去形	過去分詞形	現在分詞形
～を送る	send(s) [センドゥ(センヅ)]	sent [セントゥ]	sent [セントゥ]	sending [センディン・]
～を費やす	spend(s) [スペンドゥ(スペンヅ)]	spent [スペントゥ]	spent [スペントゥ]	spending [スペンディン・]
眠る	sleep(s) [スリープ(ス)]	slept [スレプトゥ]	slept [スレプトゥ]	sleeping [スリーピーン・]
立っている	stand(s) [ステァンドゥ(ステァンヅ)]	stood [ストゥッドゥ]	stood [ストゥッドゥ]	standing [ステァンディン・]
(～)を理解する	understand(s) [アンダァステァンドゥ(アンダァステァンヅ)]	understood [アンダァストゥッドゥ]	understood [アンダァストゥッドゥ]	understanding [アンダァステァンディン・]
(～)を教える	teach(es) [ティーチ(ティーチィズ)]	taught [トートゥ]	taught [トートゥ]	teaching [ティーチン・]
～をつかまえる	catch(es) [キャッチ(キャッチィズ)]	caught [コートゥ]	caught [コートゥ]	catching [キャッチン・]
(～)を買う	buy(s) [バーィ(ズ)]	bought [ボートゥ]	bought [ボートゥ]	buying [バーィイン・]
～と思う	think(s) [すィンク(ス)]	thought [そートゥ]	thought [そートゥ]	thinking [すィンキン・]
～をもってくる ～をもって行く	bring(s) [ブゥリン・(ブゥリングズ)]	brought [ブゥロートゥ]	brought [ブゥロートゥ]	bringing [ブゥリンギン・]

A-B-C 型

意味	原形(現在形)	過去形	過去分詞形	現在分詞形
(〜を)飲む	**drink(s)** [ジュリンク(ス)]	**drank** [ジュレアンク]	**drunk** [ジュランク]	**drinking** [ジュリンキン･]
始まる	**begin(s)** [ビギン(ズ)]	**began** [ビギャンヌ]	**begun** [ビガンヌ]	**beginning** [ビギニン･]
(〜を)歌う	**sing(s)** [スイン･(スイングズ)]	**sang** [セアン･]	**sung** [サン･]	**singing** [スインギン･]
泳ぐ	**swim(s)** [スウィム(ズ)]	**swam** [スウェアム]	**swum** [スワム]	**swimming** [スウイミン･]
(〜を)運転する	**drive(s)** [ジュラーィヴ(ズ)]	**drove** [ジュローゥヴ]	**driven** [ジュリヴンヌ]	**driving** [ジュラーィヴィン･]
〜に乗る	**ride(s)** [ウラーイドゥ(ウラーイヅ)]	**rode** [ウローゥドゥ]	**ridden** [ウリドゥンヌ]	**riding** [ウラーィディン･]
上がる	**rise(s)** [ウラーィズ(ウラーィズィズ)]	**rose** [ウローゥズ]	**risen** [ウリズンヌ]	**rising** [ウラーィズィン･]
(〜を)書く	**write(s)** [ウラーィトゥ(ツ)]	**wrote** [ウローゥトゥ]	**written** [ウリトゥンヌ]	**writing** [ウラーィティン･]
(〜を)話す	**speak(s)** [スピーク(ス)]	**spoke** [スポーゥク]	**spoken** [スポーゥクンヌ]	**speaking** [スピーキン･]
〜を盗む	**steal(s)** [スティーオ(ズ)]	**stole** [ストーゥオ]	**stolen** [ストーゥルンヌ]	**stealing** [スティーリン･]
〜をあげる	**give(s)** [ギヴ(ズ)]	**gave** [ゲーィヴ]	**given** [ギヴンヌ]	**giving** [ギヴィン･]
(〜を)食べる	**eat(s)** [イートゥ(イーツ)]	**ate** [エーィトゥ]	**eaten** [イートゥンヌ]	**eating** [イーティン･]
(〜を)投げる	**throw(s)** [すウローゥ(ズ)]	**threw** [すウルー]	**thrown** [すウローゥンヌ]	**throwing** [すウローウイン･]

基本動詞の変化表

A-B-C 型

意味	原形(現在形)	過去形	過去分詞形	現在分詞形
飛ぶ	**fly [flies]** [フラーィ(フラーィズ)]	**flew** [フルー]	**flown** [フローゥンヌ]	**flying** [フラーィイン・]
育つ	**grow(s)** [グゥローゥ(ズ)]	**grew** [グゥルー]	**grown** [グゥローゥンヌ]	**growing** [グゥローゥイン・]
〜を描く	**draw(s)** [ヂュロー(ズ)]	**drew** [ヂュルー]	**drawn** [ヂュローンヌ]	**drawing** [ヂュローイン・]
(〜)を知っている	**know(s)** [ノーゥ(ズ)]	**knew** [ニュー]	**known** [ノーゥンヌ]	**knowing** [ノーゥイン・]
(〜)を手に入れる	**get(s)** [ゲッ・(ゲッツ)]	**got** [ガッ・]	**gotten** [ガットゥンヌ]	**getting** [ゲティン・]
(〜)を忘れる	**forget(s)** [ファゲットゥ(ファゲッツ)]	**forgot** [ファガッ・]	**forgotten** [ファガットゥンヌ]	**forgetting** [ファゲティン・]
行く	**go(es)** [ゴーゥ(ズ)]	**went** [ウェントゥ]	**gone** [ゴーンヌ]	**going** [ゴーゥイン・]
〜を取る	**take(s)** [テーィク(ス)]	**took** [トゥック]	**taken** [テーィクンヌ]	**taking** [テーィキン・]
〜を着ている	**wear(s)** [ウェアァ(ズ)]	**wore** [ウォアァ]	**worn** [ウォーンヌ]	**wearing** [ウェアゥリン・]
〜をする	**do [does]** [ドゥー(ダズ)]	**did** [ディッ・]	**done** [ダンヌ]	**doing** [ドゥーイン・]
〜が見える	**see(s)** [スィー(ズ)]	**saw** [ソー]	**seen** [スィーンヌ]	**seeing** [スィーイン・]
〜を見せる	**show(s)** [ショーゥ(ズ)]	**showed** [ショーゥドゥ]	**shown** [ショーゥンヌ]	**showing** [ショーゥイン・]

索引

A

a few	196
a little	198
a lot of	196,198
about	212
above	225
abroad	140
across	150
act	174
action	174
adult	22
advice	158,178
advise	178
afraid	114
after	146,152
afternoon	62
against	148
age	60,220
ago	205
agree	46
air	215
airline	96
airplane	96
airport	96
alive	128
all	130
all right	116
along	150
also	130
always	144
am	48
am in love with	42
America	98
American	164
among	150
and	152
angry	114
another	130
answer	34
any	196,198
anybody	154
anyone	154
anything	154
anyway	154
anywhere	138
apple	66
April	56
area	100
around	150,212
arrive	36
art	80
as	152
ask	34
at	146
athlete	209
attitude	225
August	56
aunt	24
Australia	98
Australian	164

B

bad	116,120
bag	76
baggage	96
ball	205
banana	66
bark	214
baseball	84
baseball player	88
basketball	84
bath	219
be able to	50
be going to	50
beach	218
beautiful	132
became	204
because	152
become	48
bedroom	64
bee	208
before	146,152
began	204
begin	30,168
beginner	168
believe	46
bell	228
belong to	42
better	230
between	150
bicycle	160
big	132
bike	94,160
bird	214
birthday	214
bite	222
black	124,162
blue	162
boat	94
born	217
borrow	36
both	219
bottle	230
boy	22
bread	66
break	36
bring	40
British	164
broke	224
brother	24
brown	162
build	36
building	92
burn	215
bus	94
busy	122,124
but	152
butter	230
butterfly	110
buy	34
by	146

C

cake	220
call	205
came	220
camel	108
camping	86
can	50
Can I	52
Can you	52
Canada	98
Canadian	164
car	94
care	219
careful	192
carefully	192
case	220
castle	92
catch	48
center	216
century	60
certain	192
certainly	192
chair	76
champion	226
championship	226
cherry	106
chess	229
chicken	110
child	22
China	98
Chinese	164
church	215
city	100
city hall	92
class	78
classroom	210
clean	218
clear	118,192
clearly	192
clever	216

climate	102	**D**		**E**		explain	204
climbing	86					express	174
close	34	dance	32	each	130	expression	174
cloth	219	dancing	86	ear	68	eye	68
cloud	104	dangerous	134	early	126	**F**	
cloudy	118	dark	124	earth	104		
club	78	date	62	easily	192	face	68
coffee	158	daughter	24	east	142	fail	34,58
cold	118	day	62	easy	120,192	fall in love with	42
collect	174	dead	128	eat	36,166	family	24
collection	174	December	56	eater	166	famous	134
college	74	deep	208	effort	231	fantastic	116
come	40	deeply	208	egg	66	far	122
common	231	delicious	132	eight	200	farm	100
communication	70	desk	76	eighteen	201	fast	126
company	227	die	223	eighteenth	201	fax	70
complain	227	different	122,130	eighth	200	February	56
computer	227	difficult	120	either	130	feel	172
convenience store	100	discover	178	elementary school	74	feeling	172
cook	36	discovery	178	elephant	108	fell	228
cool	118	discuss	174	eleven	201	few	196
corn	217	discussion	174	eleventh	201,204	fifteen	201
corner	217	doctor	88	else	130	fifteenth	201
Could you	52	doll	228	e-mail	70	fifth	200
count	212	dolphin	110	empty	226	fill	228
counter	216	done	225	end	30	filled	126
country	98	don't	205	engineer	88	find	30
couple	213	double	213	English	80	find out	42
cousin	24	down	142	enough	134	fine	116,126
cow	110	downstairs	140	enter	216	finger	68
crane	110	downtown	140	evening	62	finish	30
creature	110	dream	218	ever	144	fire	211
cross	172	dress	229	every	130	firefly	211
crossing	172	drink	166	everywhere	138	firework	211
cup	206	drinker	166	example	204	first	200,214
Customs	96	drive	222	excite	176	fish	110,170
cut	206	driver	216	excited	128	fishing	170
		drove	224	excitement	176	five	200,222
		during	148	exciting	128	flight	96
		dying	128	expect	204	flight attendant	96
				experience	204	flower garden	64

flute	82	German	164	hear	44	**I**
food	210	Germany	98	heat	218	
foolish	210	gesture	70	heater	218	I	14
foot	68	get	30,38,42	hello	229	ice	102
for	148	get on	42	help	38,184	if	152
foreign	186	girl	22	helpful	134,184	ill	182
foreigner	186	give	30	her	16	illness	182
forest	106	glad	114	here	138,140	imagine	174
forget	32	glass	229	hers	16	imagination	174
fork	217	glove	225	herself	16	importance	226
forty	201,217	go	40	hide	222	important	226
found	212	go to bed	40,48	high	126	impress	226
four	200	gold	162	hill	228	impression	226
fourteen	201,208	good	114,116,120,132	him	16	improve	226
fourteenth	201	good-bye	211	himself	16	in	138,146,150
fourth	200	grade	221	his	16	inside	223
France	98	grandfather	24	historic	184	instrument	82
free	122,124,188	grandmother	24	history	80,184	interested	128
freedom	188	grass	229	hobby	231	interesting	128
freely	208	gray	162	hockey	84	international	134
French	80,164	great	116	hold	40	introduce	225
Friday	58	green	162	home	60,140	invite	223
friend	22,186	greet	209	homework	78,158	it	20
friendly	186	greeting card	70	hope	46	Italian	164
frog	110	ground	106	horizon	104	Italy	98
from	148	guitar	82	horse	110	its	20
front door	64	gun	207	hospital	92	itself	20
front yard	64	**H**		hot	118	**J**	
fruit	66			hotel	92		
full	126	hair	68	hour	62	January	56
fun	184	happen	230	house	64	Japan	98
funny	184	happiness	182	how	26	Japanese	80,164
future	60	happy	114,120,182	hug	206	jazz	231
G		hard	120	hundred	207	job	88
		have	40,42,48	hungry	207	jogging	86
game	84	have on	48	hunt	207	join	42
gate	220	have to	50	hurry	215	joke	224
gather	216	he	16	hurt	215	judo	86
gave	220	head	68			juice	158
gentle	184	health	184			July	56
gentleman	184	healthy	184			jump	227

June	56	listener	168	meat	218	never	144
junior high school	74	little	132,198	meet	38,170	news	158
just	206	live	46	meeting	170	nice	114,126,132
		living	128	member	227	night	62
K		living room	64	middle	231	nine	200
kangaroo	108	London	213	midnight	62	nineteen	201
kind	132,182	look	46	mile	222	nineteenth	201
kindergarten	74	look at	38	milk	158	ninth	200
kindness	182	lose	30	million	229	no	196,198
kiss	228	loud	212	mine	14	noise	188
kitchen	64	love	46	minute	62	noisy	124,188
know	42,48,176	low	213	mirror	231	none	213
knowledge	176	luck	186	Monday	58	noon	62
koala	108	lucky	186	monkey	108	north	142
Korea	98	lunch	207	month	60	nose	68
		lunchtime	207	moon	104	not ～ any	196,198
L				morning	62	not ～ many	196
		M		mortorbike	94	not ～ much	198
lady	22			most	194	note	224
lake	220	made	220	mostly	194	notebook	76
lamp	227	mail	70	mountain	106,160	November	56
land	106	make	168	mouth	68	number	227
language	70	maker	168	move	176	nurse	88
large	132	man	22	movement	176	nursery school	74
late	126	many	196	movie theater	92		
lead	168	many times	144	Mt.	160	**O**	
leader	168	March	56	much	198		
leaf	218	mark	214	museum	92	ocean	104
learn	40,48	market	100	music	80,82	October	56
leave	36	marriage	176	musician	82	officer	88
left	142	marry	176	must	50	often	144
leg	68	master	216	Must I	52	OK	116
lend	36	math	80,160	my	14	Olympics	226
lesson	78	mathematics	160	myself	14	on	146,148
letter	70	matter	230			once	144
library	78	may	50	**N**		one	200
lie	223	May	56			only	205
light	124	May I	52	name	220	open	34
like	46	me	14	national	134	or	152
lion	108	meal	218	nature	104	orange	66
listen	168	mean	170	near	122	order	217
listen to	44	meaning	170	need to	50	organ	82

other	130	pianist	82	reader	168	scene	209
our	18	piano	82	ready	114	school	74
ours	18	pie	223	receive	38	school life	78
ourselves	18	pilot	96	red	162	school uniform	76
out	138	place	221	reduce	225	science	80
over	148,150	plane	94,96	remember	32	sea	104
over here	138	play	32	repair	215	season	218
over there	138	player	84	repeat	204	seat	178
overseas	140	poem	205	report	204	second	200
own	213	pool	210	responsibility	186	see	38
owner	213	poor	124	responsible	186	seed	208
		port	217	restaurant	100	seem	46
P		post office	92	return	204	seen	208
page	220	pound	212	rice	66	sell	34
paint	170	power	216	rich	124	senior high school	74
painting	170	pretty	132	ride away	42	September	56
pair	215	price	222	right	122,142	set	30,44
pale	221	prize	223	rise	30	seven	200
paper	76,158	problem	78	river	106	seventeen	201
parent	24	proud	212	road	106	seventeenth	201
park	100,170	public	206	rode	224	seventh	200
parking	170	pull	228	roof	210	shake	221
part	214	put	44	room	64	Shall I	52
party	214	put on	48	rope	224	share	219
pass	228			round	212	she	16
passenger	96	**Q**		rule	225	sheep	108
past	60	queen	208	run	32,166	sheet	209
patience	190	question	78	runner	166	shine	222
patient	190	quick	194	running	86	ship	94
pay	176	quickly	194			shoe	76
payment	176	quiet	124,194	**S**		shone	224
PC	78	quietly	194	sad	114,120	shop	100,172
P.E.	80			safe	194	shopping	172
peace	190	**R**		safely	194	short	217
peaceful	190	rabbit	110	safety	178	should	50
pen	76	race	221	salad	66	Should I	52
pencil	76	rain	102	same	122	shoulder	216
penguin	108	rainbow	102	satisfied	114	show	44
people	22	rainy	118	Saturday	58	shower	102
person	22	rather	216	save	36,38,178	shut	206
phone	70,160	read	32,168	say	44	sick	182

索引

sickness	182	sometime	154	succeed	34	thank	219
side	222	sometimes	144	such	206	the Internet	78
silence	188	son	24	summer	58	their	18,20
silent	188	song	178	sun	104	theirs	18
silver	162	soon	210	Sunday	58	them	18,20
simple	120,227	sorry	114	sunny	118	theme	209
since	148	sound	46,212	sunrise	102	themselves	18,20
sing	32,178	soup	66	sunset	102	there	138,140
singer	88	south	142	sunshine	207	these	209
sister	24	space	221	supper	230	they	18,20
sit	34,178	Spanish	164	sure	194	thing	219
six	200	speak	44	surely	194	think	46
sixteen	201	special	134	surprised	128	third	200,214
sixteenth	201	speech	70	surprising	128	thirsty	214
sixth	200	speed	209	sweet	209	thirteen	201,208
size	222	spend	36	swim	166	thirteenth	201
skating	86	spoke	224	swimmer	166	thirtieth	201
skiing	86	spoon	210	swimming	86	thirty	201,214
sky	104	sport	84,217	swum	206	those	224
sleep	40,48	spring	58	symbol	226	thousand	212
slide	223	square	219			three	200,208
slow	126,192	stair	215	**T**		three times	144
slowly	192	stamp	227	take	38,40	through	150
small	132	stand	34	talk	44	throw	219
smell	229	star	104	tall	126	Thursday	58
smile	223	start	30	tape	221	tie	223
snow	102	station	92	taste	46	tiger	108
snowy	118	steal	218	taxi	94	till	146,228
so	152	still	229	tea	158	time	62
so-so	116	stone	224	teach	44	tissue	76
soccer	84	stood	211	teacher	74,88	today	60
soccer player	88	store	100	team	84	told	205
social	186	straight	138	telephone	160	tomorrow	60
society	186	strange	188	television	160	too	130
soft	120	stranger	188	tell	44	took	211
sold	205	street	106	temple	227	tool	210
some	196,198	strong	122	ten	200	tooth	210
somebody	154	student	74	tennis	84	tower	92
someday	154	study	40	tenth	200	town	100
someone	154	subject	80	terrible	116	tradition	188
something	154	subway	94	textbook	211	traditional	188

train	94,172	**W**		wood	106,190
training	172			wooden	190
tree	106	wake	221	wool	211
trouble	213	walk	32	word	217
truck	206	walking	86	words	82
true	225	wall	205	work	32,88,158
Tuesday	58	wallet	229	worker	217
turn	215	warm	118	world	217
TV	160	watch	38	worry	217
twelfth	201	water	158	Would you	52
twelve	201	wave	221	write	32,166
twentieth	201	we	18	writer	166
twenty	201	weak	122	wrong	122
twice	144	wear	48		
two	200	weather	102	**Y**	
		Wednesday	58		
U		week	60	year	60
		welcome	225	yellow	162
uncle	24	well	116	yesterday	60
under	150	west	142	you	14
understand	172	what	26	young	134,190
understanding	172	when	140,152	your	14
understood	211	where	140	yours	14
uneasy	207	which	26	yourself	14
unhappy	207	white	124,162	youth	190
university	74	who	26,190		
unlucky	207	whose	26,190	**Z**	
up	142	wife	222		
upstairs	140	will	50	zebra	108
us	18	Will you	52		
useful	134,182	wind	102		
usefulness	182	window	64		
usually	144	windy	118		
		winter	58		
V		with	148		
		within	146		
vase	221	without	148		
vegetable	66	woman	22		
village	100	wonder	213		
violin	82	wonderful	134		
volleyball	84	won't	205		

[著者]
長沢寿夫（ながさわ・としお）
1980年、ブックスおがた書店のすすめで、川西、池田、伊丹地区の家庭教師を始める。
1981年～1984年、教え方の研究のために、塾、英会話学院、個人教授などで約30人の先生について英語を習う。その結果、やはり自分で教え方を開発しなければならないと思い、長沢式勉強法を考え出す。
1986年、旺文社『ハイトップ英和辞典』の執筆・校正の協力の依頼を受ける。
1992年、旺文社『ハイトップ和英辞典』の執筆・校正のほとんどを手がける。

主な著書
『中学3年分の英語が3週間でマスターできる本』、『中学・高校6年分の英語が3週間でわかる本』、『CD BOOK 中学英語の基本のところが24時間でマスターできる本』『CD BOOK 高校英語の基本のところが24時間でマスターできる本』『中学3年分の英文法が10日間で身につく＜コツと法則＞』『高校3年分の英文法が10日間で身につく＜コツと法則＞』（以上、明日香出版社）
『とことんわかりやすく解説した中学3年分の英語』『とことんわかりやすく解説した高校3年分の英語』（以上、ベレ出版）

校正協力
アップル英会話センター
丸橋一広
荻野沙弥
和田薫
池上悟朗
長沢徳尚

CD BOOK 中学3年分の英単語が10日間で身につく＜コツと法則＞

2010年　9月　17日　初版発行
2022年　10月　26日　第37刷発行

著　　者	長沢寿夫	
発　行　者	石野栄一	
発　行　所	明日香出版社	
	〒112-0005　東京都文京区水道2-11-5	
	電話　03-5395-7650（代表）	
	https://www.asuka-g.co.jp	
印　　刷	美研プリンティング株式会社	
製　　本	根本製本株式会社	

©Toshio Nagasawa 2010 Printed in Japan　ISBN 978-4-7569-1407-1

落丁・乱丁本はお取り替えいたします。
本書の内容に関するお問い合わせは弊社ホームページからお願いいたします。

質問券

最後までお読みいただきありがとうございます。
本書を読んで疑問に思ったこと、感想などを編集部までお寄せください。ご質問は下記のアドレスへお送り下さい。

http://asukaweb@asuka-g.co.jp
〈長沢英語塾〉

パソコンをお持ちでない方は、必ずFAX番号などの返信先をご記入ください。
お送り頂きました個人情報はご返答以外の目的では使用しません。

FAX送信先:03-5395-7654　　明日香出版社編集部宛

長沢先生質問係行き

質問 _____

_____

_____

_____

_____

_____

_____

_____

_____

_____

_____

_____

_____

_____

お名前 _____
年齢 _____ お住まいの都道府県
性別 _____ _____ 県

こちらはFAX、郵送などで返答希望の方、のみご記入ください。

お名前　　　　　　　　　　FAX番号または
年齢　　　　　　　　　　　ご返答をお送りできる住所
性別

送信先 03-5395-7654

いっしょによもう 長沢先生の本

中学・高校6年分の英語が 10日間で身につく本

長沢　寿夫

100の〈コツと法則〉をおさえていけば、中高英語の大事なところの概要をつかむことができます。
長沢先生ならではのやさしい説明と、やさしい単語で作られた例文・練習問題が特長。やり直そうとして、書店に行って、どの本を選べばいいかわからない人へ、ぜひおすすめの本です。

本体価格1300円+税　B6並製　256ページ
ISBN978-4-7569-1815-4　2016/1 発行